予算・決算 すぐわかる

自治体財政

——バランスシートから財政健全化法まで

兼村 高文（明治大学大学院教授） 著
星野 　泉（明治大学大学院教授）

イマジン出版

はじめに

　財政危機が叫ばれて久しい。財政再建はすでに第二臨調から数えて四半世紀も経過している。しかしいまだに年々の予算は3割も借金しなければ組めない状況が続き、ついに国と地方を合わせた借金はGDPの2倍近くまで膨らんでいる。前代未聞の危機的状況に陥っている。

　こうした危機は前代未聞であろうか。歴史をふり返ると危機は幾度かあり、先人たちは英知でそれを乗り越えてきた。かつて財政収入の半分を借金が占めていた米沢藩は、藩主上杉鷹山が武士（公務員）のリストラとともに"三助"を提唱した。三助は自助・互助（共助）・扶助（公助）である。橋の補修に武士も参加した。三助の考えは世界地方自治憲章でも採択されている「補完性の原理」にも通じる。もちろん公助を担うのは基礎的自治体であり、地方分権が前提である。

　現代社会は公助はあっても共助がないといわれる。その要因は地域力の衰退であろう。地方財政の危機は基礎的自治体と住民らが協働してしっかりしたガバナンスを構築し、安心して安全に暮らせる社会を創り上げていく必要がある。われわれ住民も自助・共助で行政サービスのスリム化に協力しながら、地方財政の仕組みを理解して参画することが求められよう。

　こうした思いを抱きながら、本書は財政の仕組みを説いている。本書が利用される読者にとって、少しでも地方財政の理解の一助になれば幸いである。

平成20年1月

著者

［目次］

はじめに……………………………………………………………… 3

［図解・地方財政入門編］

Ⅰ 国と地方の財政関係………………………………………… 10
  1 歳出でみる国と地方の役割分担　*10*
  2 予算でみる国と地方の財政関係　*11*
  3 租税収入の国と地方配分　*12*

Ⅱ 地方財政制度………………………………………………… 13
  1 地方財政の予算：地方財政計画　*13*
  2 地方交付税制度　*14*
  3 地方自治体の種類と数　*15*

［基礎知識編］

Ⅰ 財政の現状…………………………………………………… 18
  1 一般会計・特別会計・財政投融資・地方財政　*18*
  2 財政の構造　*19*
  3 国債依存　*22*

Ⅱ 税制改革の動向……………………………………………… 24
  1 浅く広くの80年代税制改革　*24*
  2 バブル崩壊直後の税制改正　*25*
  3 財政構造改革凍結後の税制　*26*
  4 地方税の課題　*28*
    4-1 住民税　*28*
    4-2 法人事業税（都道府県税）　*29*
    4-3 消費税（国税）と地方消費税（都道府県税）　*32*
    4-4 資産課税　*33*

4-5　いわゆる環境税　*33*

Ⅲ　地方分権改革………………………………………………………*35*
　　1　分権一括法で何ができるか、何ができたか　*35*
　　2　地方税の直接請求権　*36*
　　3　市町村合併について　*37*
　　　3-1　明治と昭和の大合併　*37*
　　　3-2　市町村合併特例法の1999（平成11）年改正　*38*
　　　3-3　新設された合併特例債　*39*

Ⅳ　地方財政の現状……………………………………………………*42*
　　1　地方財政の収入源　*43*
　　2　地方財政収入に占める地方税　*44*
　　3　財政移転のしくみ　*45*
　　4　財政調整財源としての地方交付税　*48*
　　5　税源委譲への道のり　*50*
　　6　税源配分の考え方　*52*

Ⅴ　地方税と地域格差…………………………………………………*55*
　　1　国際比較からみた税源配分　*55*
　　2　主要な地方税源の構成　*58*
　　3　地方税─地域格差の理由　*60*
　　4　税源交換論と2008年度の臨時措置　*69*
　　　4-1　地域格差と税源交換論　*69*
　　　4-2　2008（平成20）年度の地方再生対策費　*70*
　　　4-3　暫定措置としての地域間財政力格差是正策　*71*

Ⅵ　自治体予算の読み方………………………………………………*73*
　　1　自治体予算の役割と仕組み　*73*
　　　1-1　国の予算と地方財政　*73*

— 5 —

   1－2 地方の予算——普通会計 *74*
   1－3 予算の種類——一般会計と特別会計 *75*
   1－4 通常予算と補正予算 *76*
  2 予算の読み方 *77*
   2－1 財政民主主義 *77*
   2－2 予算原則 *78*
   2－3 予算の構成 *81*
   2－4 予算の循環過程 *83*
  3 予算の問題点 *85*
   3－1 「増分主義」からの脱却 *85*
   3－2 計画と予算 *86*

Ⅶ もはや公共部門はいらないか……………………………………*87*
 1 公共部門とは *87*
 2 人間生活と公共部門 *88*
 3 家計収入の使い道 *89*

Ⅷ 自治体の財政健全化制度………………………………………*92*
 1 再建制度から再生制度へ *92*
 2 新たな再生制度 *94*
   2－1 財政健全化法の概要 *94*
   2－2 財政健全化法の運用 *95*

［財政分析編］
Ⅰ 自治体決算（決算カード）の分析………………………………*104*
 1 財政分析の目的 *104*
   1－1 決算の手続き *104*
   1－2 財政分析の目的 *105*
 2 決算カードの読み方と分析 *107*
   2－1 決算カードの入手 *107*

		2-2　決算カードの読み方と分析　*107*
	3　類似団体との比較分析　*125*
		3-1　類似団体の区分と分析　*125*
		3-2　財政比較分析表の見方と分析　*127*

Ⅱ　自治体財務諸表の分析……………………………………*131*
	1　自治体の財務諸表　*131*
		1-1　財務諸表の役割　*131*
		1-2　財政健全化法と新たな財務諸表　*132*
	2　財務諸表の読み方と分析　*136*
		2-1　バランスシートの読み方と分析　*136*
		2-2　行政コスト計算書の読み方と分析　*140*
		2-3　キャッシュフロー計算書の読み方と分析　*143*
		2-4　純資産変動計算書の読み方と分析　*147*

[事例分析編]
Ⅰ　東京都の財政……………………………………………*150*
	1　財政規模は縮小傾向　*150*
	2　租税に占める都税収入の位置　*151*
	3　不交付団体は金持ちか　*151*
	4　財政危機の要因— 歳入面から　*153*
	5　財政危機の要因— 歳出面から　*153*

Ⅱ　特別区（23区）の財政…………………………………*156*
	1　23区の都区財政調整制度　*156*
	2　特別区の歳入・歳出　*157*
	3　特別区の検討課題　*159*
	4　都内市町村財政との相違点　*168*

Ⅲ　政令市財政の読み方……………………………………*169*

1　指定都市の制度と機能　　*169*
　　2　政令都市の財政状況　　*172*
　　3　道州制の姿　　*173*

Ⅳ　都市財政の読み方—渋川市の財政 ……………………*176*
　　1　合併前の歳入と歳出から　　*176*
　　2　合併直後の都市財政　　*177*

Ⅴ　町村財政の読み方—合併した小規模自治体 …………*180*
　　1　概要　　*180*
　　2　歳入分析　　*181*
　　3　歳出分析　　*186*
　　4　過疎、小規模町村の課題と展望　　*191*

Ⅵ　破綻自治体に学ぶ —旧産炭地自治体の財政分析— ………*194*
　　1　旧産炭自治体（夕張市・美唄市・奈井江町）の歴史と人口の推移　　*194*
　　2　3つの自治体の財政状況　　*196*
　　　　2-1　地方債残高と公債費比率の推移　　*196*
　　　　2-2　財政力指数と経常収支比率の推移　　*198*
　　3　歳入構造にみる夕張市破綻の兆候　　*199*

【おわりに】……………………………………………………*203*

【索引】…………………………………………………………*204*
【参考文献】……………………………………………………*209*
【著者略歴】……………………………………………………*210*

— 8 —

図解・地方財政入門編

I 国と地方の財政関係

1 歳出でみる国と地方の役割分担

　国と地方の役割分担をみるために、歳出ベースで表したのが図表1である。横軸は国と地方を合わせてそれぞれの経費が全体に占める割合を示してある。縦軸はその経費の国と地方の割合である。平成17年度歳出決算ベースでみると、国と地方の割合は41％と59％である。国防費と年金関係は100％国であり国債費も国が多くを占め

図表 I-1　国と地方の役割分担（平成17年度歳出決算）

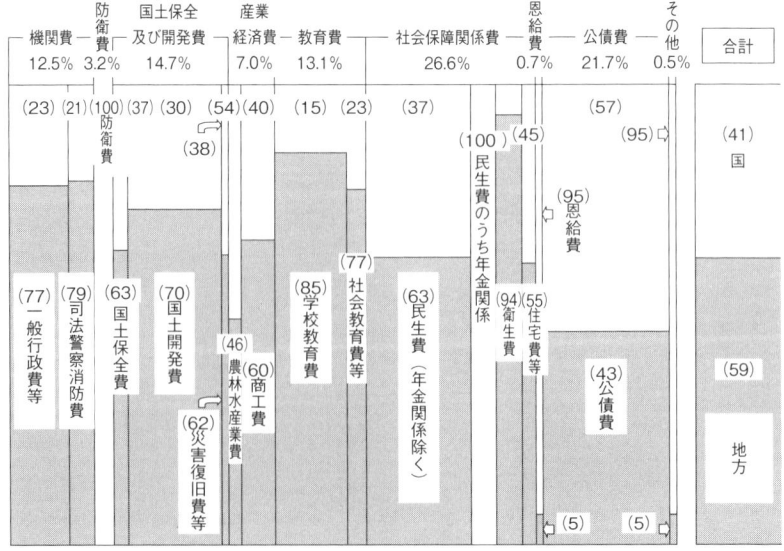

| 機関費 12.5% | 防衛費 3.2% | 国土保全及び開発費 14.7% | 産業経済費 7.0% | 教育費 13.1% | 社会保障関係費 26.6% | 恩給費 0.7% | 公債費 21.7% | その他 0.5% | 合計 |

国の割合（）内：
- 一般行政費等 (23) / 地方 (77)
- 司法警察消防費 (21) / (79)
- 防衛費 (100)
- 国土保全費 (37) / (63)
- 国土開発 (30) / (70)
- 災害復旧費等 (38→62)
- 農林水産業費 (54) / (46)
- 商工費 (40) / (60)
- 学校教育費等 (15) / (85)
- 社会教育費等 (23) / (77)
- 民生費（年金関係除く）(37) / (63)
- 民生費のうち年金関係 (100)
- 衛生費 (45→5) / (55)
- 住宅費等 (94→5) /
- 恩給費 (95)
- 公債費 (57) / (43)
- その他 (95)

合計　国 (41)／地方 (59)

（注）（　）内の数値は、目的別経費に占める国・地方の割合
資料：総務省。

るが、他の経費は地方が多くを支出していることがわかる。

2 予算でみる国と地方の財政関係

　国と地方の財政は密接に関係している。とくに地方財政はその財源の3割を国からの財政移転によって賄っている。

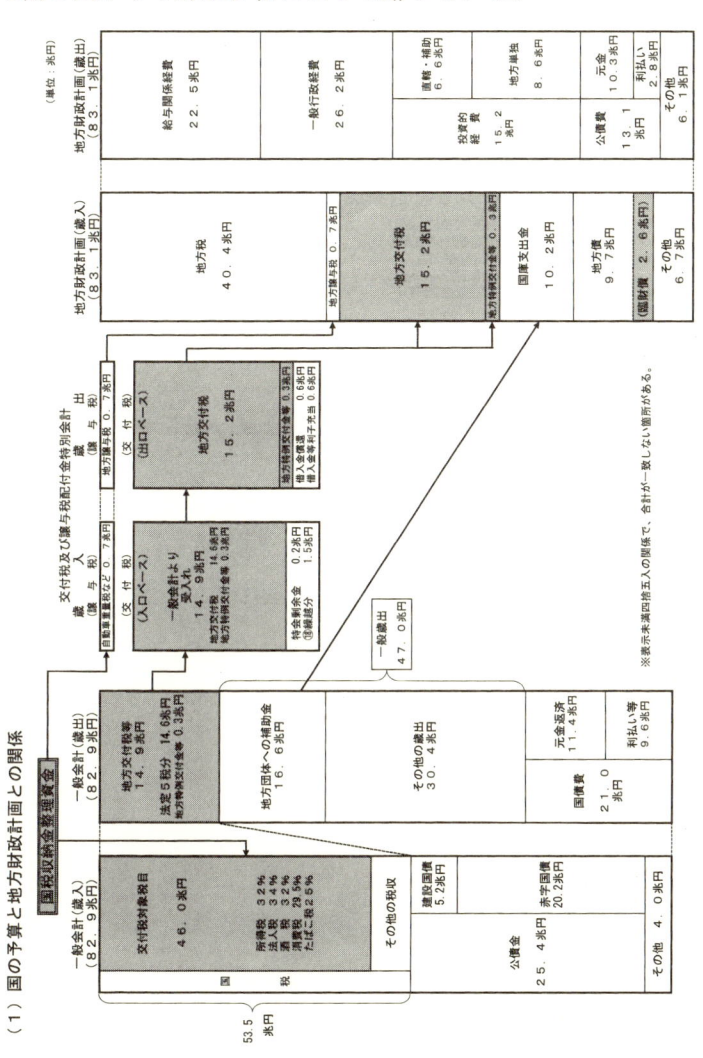

図表 I-2　地方財政計画
(1) 国の予算と地方財政計画との関係

3　租税収入の国と地方の配分

　租税収入の国税と地方税の割合はおよそ3対2であるのに対し、歳出は図表1でみたように2対3である。そのため国と地方の間で垂直的な財政調整が必要である。地方分権改革で国税から地方税へ税源移譲が行われ地方税は増えたが、地域間の財政格差も大きく財政調整は地方財政にとっては重要な財源である。

図表Ⅰ-3　国と地方の財源配分（平成17年度決算）

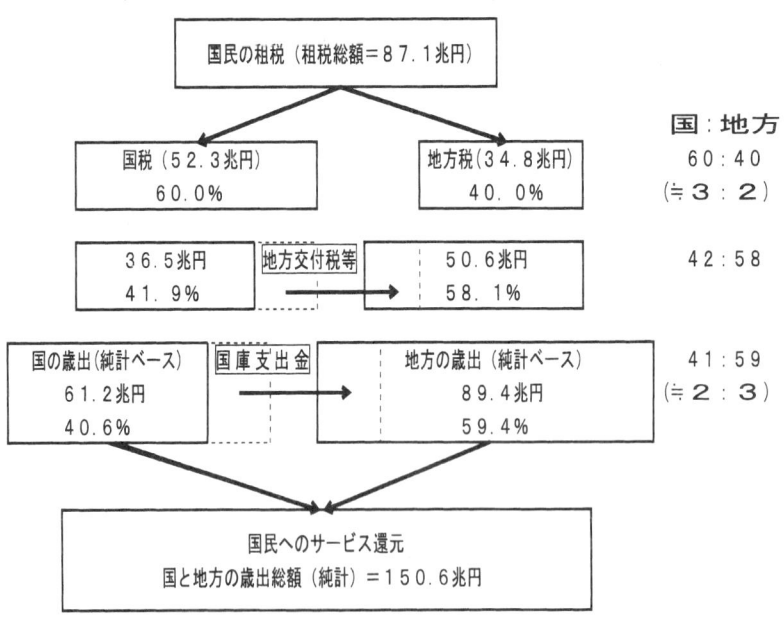

```
              国民の租税（租税総額＝87.1兆円）
                    ↓            ↓                         国：地方
          国税（52.3兆円）   地方税（34.8兆円）              60：40
              60.0%              40.0%                    （≒3：2）

          36.5兆円    地方交付税等    50.6兆円              42：58
           41.9%         →           58.1%

        国の歳出(純計ベース)  国庫支出金  地方の歳出(純計ベース)   41：59
           61.2兆円           →          89.4兆円            （≒2：3）
           40.6%                         59.4%
                    ↓                    ↓
              国民へのサービス還元
          国と地方の歳出総額（純計）＝150.6兆円
```

— 12 —

Ⅱ 地方財政制度

1 地方財政の予算：地方財政計画

　地方財政全体の予算である地方財政計画は、国が政策や法律で決めた事務を財源とともに見積もって示したものである。また地方財政計画の策定とともに財源対策として作成されるのが地方財政対策である。

図表Ⅱ-1　平成20年度地方財政計画のフレーム（億円）

（歳　入）		（歳　出）	
地方税	404,703	給与関係費	222,071
地方譲与税	7,027	地方再生対策費	4,000
地方特例交付金等	4,735	公債費	133,796
地方交付税	154,061	維持補修費	9,680
国庫支出金	100,831	投資的経費	148,151
地方債	96,055	公営企業繰出金	26,352
使用料及び手数料	16,220	不交付団体水準超経費	24,500
雑収入	50,382		
計	834,014	計	834,014
一般財源	598,858	地方一般歳出	657,626

平成20年度地方財政対策のポイント（抜粋）
○地方の特別枠「地方再生対策費」を創設
　・地方再生対策費4,000億円の創設
　・「地方再生対策費」は地方交付税の算定を通じて市町村、特に財政状況の厳しい地域に重点的に配分

○地方交付税及び一般財源の総額を増額確保
　・実質的な地方交付税18.2兆円（前年度比＋0.4兆円）
　・一般財源59.9兆円（前年度比＋0.7兆円）
○基本方針2006に沿って引き続き歳出の削減に努力
　・地方財政計画の規模83.4兆円（前年度比＋0.3％）

2　地方交付税制度

　すべての地方自治体が標準的な行政サービスを提供できるよう国が財源保障し、地域間の財政力格差を調整するのが地方交付税である。地方交付税は基準財政需要額を基準財政収入額で除して求められる財政力指数が1未満の団体に交付される。

・地方交付税の種類　①普通交付税：財源不足団体に交付
　　　　　　　　　　②特別交付税：特別の財政需要に対し交付
・地方交付税額の決定
　　基準財政需要額－基準財政収入額＝財源不足額（交付基準額）
・普通交付税額の決定
　　　基準財政需要額＝単位費用×測定単位×補正係数
　　　基準財政収入額＝標準的税収×75％＋地方譲与税等

図表Ⅱ-2　地方交付税の算定

特別交付税 6%	基準財政収入額						
	普通交付税 94%	譲与税	基準財政収入額		超過課税	目的税等	国庫補助金その他
			算入分 75%	留保分 25%			
	地方交付税総額		標準地方税収				

3 地方自治体の種類と数

　地方自治体は法律上は地方公共団体が正式な名称である。しかし一般には、自治体なり地方団体の名称を用いており都道府県や市町村を指している点では同じである。地方自治体は平成の大合併で市町村の数は3千台から1千台となった。また都道府県についても、道州制の導入が議論さているので10前後に再編される可能性もある。

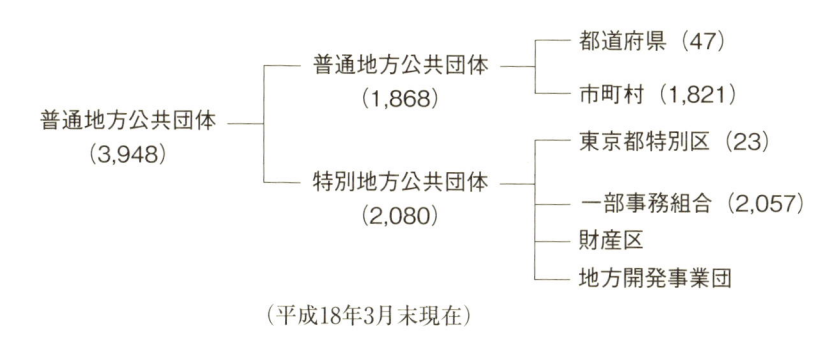

```
普通地方公共団体 ─┬─ 普通地方公共団体 ─┬─ 都道府県（47）
（3,948）         │   （1,868）         └─ 市町村（1,821）
                  │
                  └─ 特別地方公共団体 ─┬─ 東京都特別区（23）
                      （2,080）         ├─ 一部事務組合（2,057）
                                        ├─ 財産区
                                        └─ 地方開発事業団
```
（平成18年3月末現在）

市町村数の推移

年月	市	町	村	計	備考
1888（明治21）年	－	(71,314)		71,314	
1889（明治22）年	39	(15,820)		15,859	市制町村制施行
1922（大正11）年	91	1,242	10,982	12,315	
1945（昭和20）年10月	205	1,797	8,518	10,520	
1947（昭和22）年8月	210	1,784	8,511	10,505	地方自治法施行
1953（昭和28）年10月	286	1,966	7,616	9,868	町村合併促進法施行
1956（昭和31）年4月	495	1,870	2,303	4,668	新市町村建設促進法施行
1995（平成7）年4月	663	1,994	577	3,234	市町村合併特例法改正
1999（平成11）年4月	671	1,990	568	3,229	地方分権一括法による改正
2006（平成18）年4月	778	845	197	1,820	

基礎知識編

I 財政の現状

1 一般会計・特別会計・財政投融資・地方財政

　国の一般会計歳入歳出予算は、歳入を税収入と国債収入、歳出は国債費、地方交付税交付金等、政策的経費である一般歳出を主なものとして構成される。一般歳出はまた、社会保障関係費、公共事業関係費、文教及び科学振興費など、多くの個別費目に分かれ、一般会計予算の規模ばかりでなく、一般歳出の大きさが予算の大きさをみる要素とされている。

　これらの項目と地方財政との関係をみると、まず、歳入を構成する税収入の一部が歳出における地方交付税交付金となり、交付税・譲与税特別会計を経由して地方団体の受け取る交付税収入となり、その他の税収入と国債収入を財源に、地方財政にかかわる支出、例えば補助金の形で地方財政収入に寄与している。

　また、財政投融資計画の中で、様々な財投機関への投融資が行われるが、地方自治体もその融資先であり、自治体側から見れば、財投は地方債の借入先となっている。2001年度の財政投融資改革を受け、財政投融資の規模が大幅に縮小されつつある中でも、財投債の発行によって資金調達する財政融資資金を中心に地方債資金の比較的大きな位置を占めている。市場公募債発行能力の関係から、こうした政府資金を利用するのは市町村の方が多い。

> **財投機関**
> 国民生活金融公庫などの政策金融機関、住宅金融支援機構、福祉医療機構などの独立行政法人など財政投融資を活用している機関のことをさす。

特別会計は、国債整理、年金、保険、道路整備関係など多岐にわたっており、交付税・譲与税特別会計と同様、一般会計からの繰り出しが行われている。

また、地方税は、国税と税源が重なっているものが多く、国の経済政策、租税政策とともに制度変更されてきている。所得税（国税）と個人住民税（地方税）、法人税（国税）と事業税・法人住民税（地方税）、消費税（国税）と地方消費税（地方税）など、同様あるいは似通った課税ベースを利用している。したがって、地方税、地方交付税、国庫支出金、地方債等、いずれの地方財源も、さらに地方財政支出についても、国の予算や財政投融資と密接な関係をもっているのである。

> **財政投融資計画**
> おもに租税で資金調達を行う予算と異なり、国の制度と信用で集めた郵貯や厚生年金など公的資金を、基盤整備の政策目的に投資、融資する活動を財政投融資といい、これを一覧にして国会に提出したものを財政投融資計画という。かつては第2の予算とよばれるほど規模が大きかったが、2001年の改革で改組され規模も大幅縮小傾向にある。

2 財政の構造

財政赤字が深刻化し、国の一般会計予算の4割以上を公債収入によらざるをえない今日の財政の中でも、最も大きな収入源は租税である。高度成長期の1960年代や90年代の初めには一般会計の8割以上を税で占め、90年代初めに60兆円台に乗せた後、減少傾向は著しかったが、それでも40兆円強でなんとか一般会計の5割は超えた水準であった。2006年度予算では、50兆円弱の水準まで戻り、2007、2008年度予算では、50兆円台への復帰が期待されている。

一方、地方税については、国税に比べれ

> **地方財政計画**
> 地方交付税法に基づき、総務省が地方財政収支の見積りを行っているもの。いわば、国全体でみた地方自治体財政の予算の様なもの。自治体の財源を保障する基礎となる。

ばバブル崩壊後も減少幅は小さく2004年度地方財政計画レベルでみた地方税収額は32兆円、税源移譲前の2006年度では35兆円程度である。結果として、近年、租税全体に占める地方税の位置は増加傾向にある。

現在の債務残高は、EU基準のGDP比60％、橋本政権下における財政構造改革のGDP比90％目標などと比較するまでもなく年々膨らみつづけており、かつて100％を超えていたカナダやイタリアが財政再建を進める中、180％もの異常な水準になってきていることは考えておかねばならない。

日本の特殊性として、日本国債保有者のほとんどは、政府、中央銀行、民間金融機関であり、外国人非居住者の購入は少ないということがある。豊富な貯蓄率、1400兆円にならんとする豊富な個人金融資産を前提としたいわば家庭内の資金の貸し借りとの指摘は、必ずしもあたっていないわけではないが、家計には負債が300兆あることや高齢者の急増を考えれば、安心できるものではない。当面の基礎的条件として、金利の急上昇といった局面が生じにくいとはいえるが、それでも、このところ償還年限の観点から国債発行の多様化を進める必要性が増してきており、国債の窓販に苦戦する状況も生じているようである。

日本の財政が急速に拡大してきていることは間違いない。GDP比での財政規模は近年大きく伸びてきているが、不況によりGDP伸び率が低下してきていることも、相対的に財政規模を大きく見せる要因にもなっていた。1996（平成8）年からの変化では、他国が近年減少気味の中で日本は若干の増加を示し、2005年（平成17）年、GDP比36.4％となっている。

1996（平成8）年との比較でみると、年金や失業給付等における2.6ポイントの増、医療等の1.6ポイント増などが、一般政府総支出のウェイトを押し上げた。その原因

最終消費支出

国民経済計算において支出を示すものの中で、民間の場合、家計と民間非営利団体、政府の場合、公務員給与、財の購入などが含まれる。

として少子高齢化の急進展が影響していることは明らかである。かつて拡大基調にあった利払費については近年の低金利もあってむしろ減少気味である。一方、諸外国との比較でみると、規模ではアメリカ並みでイギリスより低い水準である。

ただ、財政規模では大きくなってきたとはいえども、現状では社会保障移転や最終消費支出が低い。最終消費支出の中では、人件費の比率が低いことも特徴的である。日本の給与水準は決して低くはないことを考えれば、人が少ないこととともに、パートやアルバイトなど非正規労働者の雇用、外部委託などが人件費率の低い原因とみられる。

一方、近年、減少してきてはいるものの一般政府総固定資本形成がまだ高く3.6％。他国でも、この比率は大きく減少してきている分野である。このほとんど、8割くらいは地方自治体からの支出となっている。

また、国立社会保障・人口問題研究所のデータにより、社会支出を機能別にみると、高齢、保健医療の分野ではドイツ、スウェーデンなどヨーロッパの国々に近づいている一方、家族、失業、生活保護などではかなりの隔たりがある。年金や医療以外の現物給付、現金給付制度整備が遅れているようである。社会支出の内訳が、高齢と保健へ偏っていることは、アメリカと日本の特徴であり、他のヨーロッパの国々では比較的バランスがとれている傾向がある。

公的福祉ではなく日本型家庭内福祉、および、企業内福祉による住宅手当、配偶者および児童手当など、一時もてはやされた日本型経営の名残があったため、公的児童給付や公的住宅給付の導入が後回しとなったといえるだろう。家族手当の導入は1972年。「遅れてきた福祉国家」といわれる所以である（富永健一『社会変動の中の福祉国家』中公新書、2001年参照）。また、日本の所得税においては、一部を除き所得控除

> **一般政府総固定資本形成**
> 国民経済計算において、一般政府部門の建物、機械購入、土地造成などを含んだものであるが土地は含まない。

Ⅰ 財政の現状

制度を用いて、配偶者控除、配偶者特別控除、扶養控除、老年者控除、住宅取得控除などを設けてきたこと。租税を集めて給付するのではなく、あまり税金を取らないという方法で家族状況に対処するという制度を用いてきたことがこうした状況を作った一因である。また、所得控除制度は限界税率によって減税額が決まり、高額所得者のための減税制度となっている。あまり世帯状況を加味しないで集めてから給付する制度への変更が必要であろう。

3 国債依存

　国債、財政投融資、補助金、地方債、交付税等が相互に関係をもちつつ公共投資を支える一方、消費的経費ウェートが少ないという状況がこれまでの日本財政である。また、公債の借換が多用されるとともに税による財源確保が後回しにされた面もある。公債発行自体は、1965年以降の公債発行（1965年のみ赤字公債、66年から建設公債）、75年以降の赤字公債発行、85年以降の借換債発行の本格化など、国債累増の転換期があったが、公債依存体質がとくに顕著になってきたのは、平成不況になってからである。

　1990年度以降、歳出総額と税収との乖離は大きくなってきており、2003年度当初予算レベルでは、税収が半分の規模となっていた。1990、91年度の税収60兆円規模をピークに、それ以降ほぼ毎年実施される減税策や恒久的減税もあって、国税の収入ダウンは著しく、2003年にはとうとうピークの3分の2となってしまった。それが、大規模な公債依存につながってきている。

　近年まで、国債の中心は建設国債であったが、1999年以降、かなり大幅な赤字国債発行がみられている。このことは、国債の種類が、建設国債中心型から赤字国債中心型へと変化しつつあることを示している。1965年以降、日本経済にとって経済成長のツールとして用いられてきた建設国債が、1975年に入って赤字国債発行にも依存するようになり、それに伴い借換債が新規国債発行額の3倍となる時

代ともなって、発行規模のみならず、残高規模でも赤字国債依存となってきたのである。日本財政において公共投資が高い水準で推移し、また、最近は、社会保障移転が上昇基調になってきていることも、関係してきつつある。

　このように、これまでの財政危機は、税負担の規模と公共投資規模のアンバランスによって作られた面が大きく、社会問題より経済問題を重視してきた財政であったといえるだろう。少子・高齢化そのものによる財政危機はまだこれからである。介護保険制度もようやく一歩を踏み出した。将来の年金額も重要であるが、本当に困ったときに頼りになる現物給付の整備が次の課題となる。年齢を経て、本当に頼りになるのは、金銭よりサービスといえるだろう。

II 税制改革の動向

1 浅く広くの80年代税制改革

　80年代の税制改革は、75年以来の赤字国債の加速度的累積と、補助金カットや行政改革による財政再建の困難性。国際的には、レーガン、サッチャー路線にみられる応能性より応益性を重視する方向、あるいは直接税から間接税への視点の移動。こうした世界的動きを受け、間接税改革の流れは固まっていくことになる。ただ、一般消費税の導入案はネット増税案であり、この点が導入失敗の大きな要因と見て、税制改革の中に減税を織り込んでいく。84年には、所得税の税率を15年ぶりに変更、最高税率を75％から70％に引き下げ、税率段階を16段階から15段階へと簡素化した。

　86年政府税調では、4月の中間報告段階で、所得税、住民税の最高税率引き下げ、法人税率の引き下げ、964（クロヨン）対策としてサラリーマンに対する必要経費実額控除制、専業主婦に特別控除制導入等が議論され、夏の参議院選をはさんだ10月の最終答申では、これらをより具体化させるとともに、非課税貯蓄制度（いわゆるマル優など）の分離課税化や課税ベースの広い「新しいタイプの間接税」導入を提案した。ここでは、税収中立型（増減税同額）の税制改革であることが大きな特徴であったが、結局、この「売上税」法案は実現には至らなかった。

　竹下政権では、高齢社会への対応をその導入理由にあげ、免税点、限界控除制度や簡易課税の適用限度を高く設定、インボイ

> **ネット増税**
> 減税と増税を実施する場合、それを相殺して税負担が増加すること。

ス方式や伝票方式をとらず帳簿方式としたことで、納税義務者を狭く限定し「堕落型」ともいわれる制度としたこと、さらに税率を3％と低く設定して収支を減税超過としたことなど、導入の実現性を最優先して実現にこぎつけた。

このように、昭和末期10年間程の税制改正は、課税ベースの拡大、浅く広く、公正・簡素・中立の税制論に立って、所得税最高税率の引き下げ、税率簡素化（最高税率75％・16段階→70％・15段階：84年→60％・12段階：87年→50％・5段階：89年）、個人住民税の最高税率引き下げ、フラット化の他、法人税の税率引き下げ、配当軽課制度の廃止が実施された。また、1980年にいったん法制化された利子・配当所得の源泉分離課税廃止、総合課税への移行と少額貯蓄カード（グリーン・カード）制度の導入は、政治的圧力によって延期、85年改正で廃止。総合課税化への流れはせき止められ、88年に、利子課税の源泉分離課税化、少額貯蓄非課税制度の原則廃止、株式のキャピタルゲインについては89年より源泉分離・申告分離選択制の道をたどった。

そして、89年、消費税導入と物品税の廃止、地方の個別消費税の廃止、料理飲食等消費税の特別地方消費税化によりシャウプ勧告以来の抜本税制改革は完結する。税負担の全体的変化としては、高額所得者、高額商品やサービスの消費者に減税、一般的に負担を幅広く広げる形となった一方、地方個別消費税の廃止を伴い、税の中央集中化（税の分権化に反する）に寄与することにもなった。

> **配当軽課制度**
> 企業の利益を内部留保分と配当する分とに分け、配当する分の税率を低く設定する制度。

2 バブル崩壊直後の税制改正

景気の低迷が明らかになると、92年から、ほぼ毎年のように景気対策として、公共事業の拡大と減税が積み重ねられた。

特に、所得課税の減税は、94年の20％減税を初め、極めて広範で

ある。95年には、最高税率については動かさなかったものの、中堅サラリーマン層の負担軽減ということで、所得税では税率20％、住民税については10％の適用範囲を大幅に拡大した。この制度減税による3兆5000億円に加え、景気対策として、所得税額、住民税額の15％を定率減税（上限は所得税で5万円、住民税で2万円）をすることにより、所得税1兆4000億円、住民税6000億円を合わせ2兆円規模の特別減税も実施された。

翌年も、所得税、住民税については、95年と同様2兆円規模の特別減税が実施され、前年から実施されている制度減税を含めれば、減税規模は94年から3年連続で5兆5000億円ということになった。この一つの要因として、細川首相の下での減税規模が、国民福祉税導入を前提としたプランであったため大きく、前年の減税後を所与とした場合、特別減税をやめれば負担増となってしまう点があげられた。

財政構造改革の実現に向け、橋本内閣は、1997年（平成9年）度当初予算で久々に所得税減税を取りやめる一方、予定どおり4月より消費税の税率引き上げ（地方消費税を含め5％）が実施された。翌98年度の予算編成作業は、財政構造改革予算となったが、都市銀行、大手証券の破綻が次々に明らかとなる中で、景気対策の規模が小さいことについて批判が強く、97年当初予算でバブル崩壊以降初めて取りやめられた特別減税が、補正予算ではや復活し、98年2月から景気対策として2兆円の特別減税が実施された。

3　財政構造改革凍結後の税制

財政構造改革が凍結されると、1999年には、減税を含めた経済対策の動きは一層拡張路線に向かう。

所得税の最高税率引き下げ（50％→37％）と住民税最高税率引き下げ（15％→13％）による制度減税（合わせて65％→50％）、所得税20％（上限25万円）、住民税15％（上限4万円）の定率減税、子

育て・教育減税として扶養親族控除（15歳以下）38万→48万、特定扶養控除（16歳～22歳）58万→63万（所得税）と43万→45万（住民税）である。制度減税について、所得課税の全体的累進構造見直す抜本的改革はなされず、上２つの税率だけ下げる（50％と40％を37％に）という変則的で大胆ともいえる改革であった。

国税・地方税合わせた最高税率50％。この水準は現在も継続しており、今なお高いようにもみえる。しかし、ここでは国税と地方税を合わせて比較している。もともと国税と地方税は別の意義をもち、別の公共団体レベルの収入源である。そもそも累進税率から比例税率に向け累進段階を簡素化するという改革の方向は、世界的に一般的傾向というわけでもない。すでに、アメリカやイギリスでは80年代に２段階税率を経験した後、揺り戻しがあり、ブラケットはアメリカで６段階、イギリスで３段階に増加している。最高税率は40％ほどではあるが、これも国税のみの話である。国税のみの比較であれば、1999年度からの37％という日本の最高税率は、アメリカの39.6％、イギリスの40％を下回る。北欧福祉国家と比べなくても、かなり低い最高税率をもつ国となった。所得税が超過累進課税であり、限界税率となっていること。年収３千万、４千万からの税負担は先進諸国とほぼ同等であるが、この数値は、夫婦・子供２人の一般的世帯のサラリーマンを想定している。その水準までは、先進諸国に比べかなり低い負担率となったのである。所得税は、10％、20％、30％、37％の４段階税率、都道府県民税は２％と３％の２段階税率、市区町村民税は３％、８％、10％の３段階税率であった。

> **ブラケット**
> 税率の各段階の棚のこと。すなわち、税率の各段階を階段にたとえれば、足を下ろす部分。なだらかな階段であれば、少々の所得上昇では限界税率（もう少し稼いだ場合の税率）は変わらない傾向がある。

その後、2007年改革における税源移譲実施で、住民税は10％一律税率となった。基本的には国税と地方税合わせて増税しないということで累進段階のでこぼこを調整し、所得税は５％から40％までの

6段階税率となっている。その際、99年の定率減税も廃止したことで、住民税にはかなりの負担感があるようである。

今後の課題として、男女共生社会を目指した少子化対応策として、できるかぎり世帯単位課税の色を薄め、個人単位課税に改めていく必要がある。これは、年金システムを個人単位に改めていく方向にも合致する。具体的には、配偶者特別控除の廃止や配偶者控除を縮小する方向である。扶養控除についても再検討する。少子化対策としては、子供の数によって控除金額を累増化していく方法か、児童手当や保育サービス等支出面でみていくことで、控除自体は縮小していく方法が考えられる。税収確保と個人単位課税という観点からは、後者の方をとるべきであろう。

4 地方税の課題

1 住民税

地方税には、主要な財源として、都道府県に、事業税と都道府県民税、市町村に、市町村民税と固定資産税がある。都道府県民税と市町村民税は、合わせて、通常、住民税とよばれる。

市町村民税は、個人、法人の所得・利益を基準に、都道府県民税とともに市町村が徴収するものである。戦後のシャウプ税制では、都道府県に、附加価値基準の外形標準課税たる安定な事業税を配置していたため（赤字法人にも課税）、住民に求める所得課税である住民税は、市町村のみに置かれていた。しかし、各界からの反対が強く、1954年に、事業税が利益ベース（利益に応じて課税）とされた際、都道府県にも住民税である都道府県民税が創設された経緯がある。

多くの市町村民税は（道府県民税とともに）、国税所得税の申告によって課税所得と税額が確定した後、居住地の自治体が賦課する

ものである。給与所得者の場合では、所得税が、所得を得ている年に、概算で源泉徴収を行い、年末調整で金額を調整するが、住民税は、収入のあった翌年、6月から翌々年の5月の間、税額を12ヶ月で分割して、納付を求める。所得税にあるボーナスからの徴収がないため、税負担額としては、所得税の方が大きくても、ある程度の年収までは、毎月の負担は住民税の方が大きい。そこに、住民税の負担感が高まる要因の一つがある。この傾向は、2007年度の税源移譲、住民税10％化によりさらに大きくなると見られる。また、課税所得700万円を超えた住民は、超えた分の所得については13％税率から一律の10％になるわけで、年収が多くなれば住民税負担が少なくなるケースもある一方、200万円以下世帯の増税感は大きい。

そろそろ、所得税、住民税の現年度課税を検討してもいい時期に来ているといえるだろう。

2 法人事業税（都道府県税）

1999（平成11）年に、法人課税については、国税の法人税率（基本税率）を37.5％、34.5％から30.0％に、都道府県税の法人事業税率（基本税率）を12％、11％から9.6％に引き下げ、その際は、懸案の外形標準課税は見送りとなった。これにより、国、地方の法人課税の表面税率は97年の49.98％、98年の46.36％から40.87％へ下がり、2年間で10ポイント近い減少。カリフォルニア州の40.75％と同水準で、税率の上では世界水準となった。

しかし、他国の法人税率引き下げが課税ベースの拡大とともに進められてきたのに対し、日本では、幅広い租税特別措置の整理の他、減価償却における定率法・定額法選択制の限度設定、経費概念の厳格化、移転価格税制の整備などに関する改革が充分

外形標準課税
利益や所得のような、経費などを除いた結果として生じる基準に応じて課税するのではなく、外枠に応じて課税する方法。資本金、付加価値、従業員数などが外形標準とされる。

でないまま、減税ばかりが先行してきたきらいがある。法人事業税の外形標準課税導入も、法人事業税の引き下げとセットで進められる予定であったが、景気動向から見送り。税率引き下げの先行実施ということとなった。法人課税についても抜本改革とは程遠いものであったようである。

「平成11年度の税制改正に関する答申」では、「現下の経済情勢等に鑑み、外形標準課税の導入については見送ることとされたところです。しかしながら、外形標準課税は地方に適した税体系の一つであり、導入を急ぐべきであるとの意見が多く出されており、当調査会としては、都道府県の税収の安定化を通じて地方分権の推進に資するものであること、応益課税としての税の性格の明確化につながること、税負担の公平化に資すること等の観点から、早急にその方向性を示すべく、引き続き検討を進める必要があると考えます」と議論を促し、1998年に設置された「地方法人課税小委員会」も報告書をまとめていた。

外形標準課税の意義としては、地方分権を支える安定的な地方財源の確保、応益課税としての税の性格の明確化、自治体の行政サービスに対する公平な負担といったこれまでの見解に加え、新たに、経済構造改革の促進があげられている。現行のような所得に対する課税よりも、「より多くの利益をあげることを目指した事業活動を促し、企業経営の効率化と収益性の向上に資する」ことで、経済構造の改革に向けたということである。

法人の事業活動規模を外形的に表す課税標準については、「資本金又は出資金、売上高、収入金額、経費（又は特定経費）、事業所家屋床面積、事業所用地面積、事業用固定資産評価額、従業員数、給与総額、付加価値（加算法）、付加価値（控除法）」といった各種基準の中から、事業活動規模との関係、普遍性、中立性とともに、簡素な仕組み、納税事務負担を勘案して選択を進めた。そして、小委員会として、①事業活動によって生み出された価値、②当該価値のおよそ7割を占める給与総額、③物的基準と人的基準の組合せ、

④資本等の金額という4つの類型に絞り、検討を行った。最終的に、「法人事業税の課税標準に法人の事業活動規模を表す外形標準を導入することが適当である」とし、「現下の都道府県の財政構造が極めて不安定なものとなっている」ことなどから、「できるだけ早期にその導入を図ることが望ましい」と結論づけた。

この、①の「事業活動によって生み出された価値の算定については、生産要素である労働、資本財、及び土地への対価として支払われたものが当該価値を構成すると考えられることから、法人の各事業年度における利潤に、給与総額、支払利子及び賃借料を加えることによって行うことができる」とし、法人の人的・物的活動量を客観的かつ公平に表し、中立性も高く、新しく導入した場合、業種ごとの変動幅も小さいという利点をあげていた。また、各基準について、経過措置としての所得基準との併用、中小企業への配慮などが盛り込まれた。

さらに、「地方分権の時代においては、行政サービスの受益と負担の関係を各地方団体において判断し、地方団体が自主的・主体的に行財政運営を行うことが必要であることから、外形標準課税を導入する場合においては、各都道府県が税率決定について、自由度を有する仕組みとすることも重要である」として、これまでみられなかった自治体毎に異なった税率の外形標準課税を想定したことは、興味深い。この点は、2000年の税調中間答申に盛り込まれていたのである。

その後、すったもんだの末、2004年度に導入された外形標準課税も資本金1億円からとなり、赤字大企業では課税逃れのため1億円未満に減資したり分社化を進めるところもでてきている。**外形標準課税をやるのか、利益課税で行くのか、自治体の格差問題も含め、制度の明確化が求められている。**

3　消費税（国税）と地方消費税（都道府県税）

　消費税（国税）は、1989年（平成元年）、主として自動車や家電製品といった製造物品に対する物品税の廃止（国税）、及び木材引取税、電気税ガス税の廃止、料理飲食等消費税の廃止と特別地方消費税の導入（地方税）によって、税率3％、うち5分の1が消費譲与税として新設導入された。1997年（平成9年）、税率引上げが実施され、消費税は4％、地方税として税率1％の地方消費税が新設（消費譲与税廃止）、合わせて5％となっている。

　財政再建、高齢社会、多様な目標に向けて、消費税率の引上げが議論されている。しかし、現在の制度のままでは、あまりにも問題が多い。とくに、インボイス方式を導入せず帳簿方式であることについては、税導入当初から批判が出ていた。さらに、免税点の大きさ、簡易課税制度、複数税率を設けていないこと、生活必需品を標準税率からはずすこと、とりわけ食料品にゼロ税率を設けていないことなど、EUの付加価値税を基準として、見直しを図っていくことが必要である。益税問題さえ解決すればよい税制であるとの論も多いが、これを解決しなければ公平な税制とはいえず、そもそも本格的付加価値税とはいえない。

　財政再建のため、将来的に、税率引上げの方向がありうるとすれば、こうした点の見直しが前提。不公平感がなく、生活必需品を直撃しないならば、高齢社会に向けた負担増について、国民の理解はある程度得られるものとみられる。

　地方消費税は、税の帰属地、消費地の違いがあり、地方税としての特性に議論が生じているところである。すなわち、納税義務者は各業者であるが、最終的負担者は消費者であるため、課税と負担、地方サービスと負担にずれが生じ、地方税として望ましくないということである。北海道で原料生産、宮城県で半製品として、東京都で販売、東京都民が消費、といった場合である。したがって、現状

の一元課税方式を維持すると、譲与税に近いもののままという独立税としてはやや変則的状態を継続することになる。ただ、地域格差の問題を含めると、現行制度の有利性もあり、さらに検討の余地はある。

4 資産課税

　資産課税は、国税として土地や株式の譲渡所得課税、相続税、贈与税、地方税として存在するものとして、固定資産税、都市計画税、特別土地保有税などがある。

　固定資産税は、市町村民税とともに、市町村税の根幹をなす税目である。土地、建物、償却資産の評価額に応じて課税されるものであるが、その中心は、土地ということができる。従って、地価の動向に大きな影響を受ける。とくに、大都市部で、土地が投機的な動きをした時期には、住民や企業の負担があまりに大きくなることが問題とされた。一方、資産デフレが問題視される今日では、住民税や法人課税など所得に対する課税に比べ、安定性にすぐれ、伸び縮みが少ないため、下方硬直的。すなわち、税収ダウンが少なく、市町村税の中での位置はますます高まっている。この傾向は、小規模自治体でとくに顕著である。

5 いわゆる環境税

　環境保護のためには、自然環境に影響を与えるものを、直接、規制していくのか、あるいは課税することによって減らしていくのか。2つの方法が考えられる。必要悪としてその存在を認めざるを得ないものについては、後者の方法をとることとなろう。

　そもそも、消費税導入時に、物品税を廃止した際、自動車については、大型車と小型車の負担の格差は縮められた。経済に対する中立を目指したこの改革は、環境税的意味を減らしたものであった。

環境問題が大きく取り上げられる中、体系的に見直していく必要がある。その際、炭素税など、大気汚染や広範な影響を及ぼすものについては国レベルで、これまでも存在していたような自動車課税などは地方レベルで課税することとなる。ただ、現行の自動車関係税については、やや複雑すぎること、また、もともと環境税というより道路財源としての意味が中心で環境税という意味はなかったことでもあり、環境対策という観点から体系的に見直しをする時期にきている。交通体系全体の税として、見直しする方法も検討に値する。その他、自動販売機、ペットボトル、空き缶、ダム、産業廃棄物など、環境に影響を与えるものについて、自治体での検討が必要である。法定外税については、たとえ、税収自体は少なくとも、環境対策と税収確保の観点からみるべきものがあるといえる。

Ⅲ 地方分権改革で

1 分権一括法で何ができるか、何ができたか

　分権社会においては、自治体、住民の側も自ら税負担の決定に関与する勇気をもつことが求められる。これまでのような中央集権システムのもとでは、税、交付税、補助金、地方債といった財源は、中央との関係で決定される部分が多かった。

　収入源に関わる問題について、自治体は、住民との対話より中央との対話で進めてきた。権限の不足を嘆く一方で、そうした方が楽な面も確かに存在し、住民に対して説明し負担を求める努力についての関心が十分であったとはいえない。住民に対する困難な徴税努力よりも、国税の一部を分けてもらうことや財政調整に関心をもち、国に対する「徴税努力（要求）」をしていた面がなしとはいえないだろう。こうした点が、税源移譲が進まなかった一つの要因でもあった。

　地方分権推進委員会の第二次勧告に基づき、地方税法の法整備が進められてきた。

　1998年（平成10年）度改正には、個人の道府県民税における標準税率を採用しない場合の国への事前届出制の廃止、個人の市町村民税における制限税率の廃止が盛り込まれた。これにより、所得課税たる住民税の税率についての自由度が高まった。どちらかといえば、税率引上げに関わるものとみられるが、一方で、地方債の起債自由化に伴い、地方税の税率引下げ可能性にも道が開かれたと考えられよう。

2000年（平成12）年度には、法定外普通税の改正と法定外目的税の新設が実施されている。

　まず、法定外普通税は、自治大臣（総務大臣）の許可制廃止、同意を要する事前協議制に変わった（法第5条第3項、法第669条）。総務大臣は、次の事由がある場合を除き、同意しなければならない（法第671条）。

①国税又は他の地方税と課税標準を同じくし、かつ、住民の負担が著しく過重となること。

②地方団体間における物の流通に重大な障害を与えること。

③国の経済施策に照らして適当でないこと。

　また、新たな法定外税として、法定外目的税が新設されている（法第5条第7項、法第731条）。これは、住民の受益と負担の関係が明確になり、また、課税の選択の幅を広げることにもつながることから新たに創設されたものである。総務大臣の同意を要する事前協議制であり、同意の条件（法第733条）は、法定外普通税と同様となっている。

> **法定外税、法定外目的税**
> 国の法律ではなく、地方議会で決まる条例によって地方税が導入されるもの。普通税と目的税がある。

2　地方税の直接請求権

　これまでは、住民がいわゆる「1940年体制」（野口悠紀雄氏）下で、税への無関心に慣らされた面もある。単なる減税要求にとどまることなく、負担とサービスの関係について関心をもつこと、とくに都市部では勤め先の社会への関心とともに居住する地域社会への関心をもたねばならない。そうした意味では、自治体、住民の協働社会は、男女協働社会にもつながるものとなる。

　戦後の地方自治法で、住民にも条例制定、改廃について直接請求権が与えられたが、電気ガス税廃止運動の影響などから、昭和23年の改正で、「地方税の賦課徴収並びに分担金、使用料及び手数料の

徴収に関するもの」が直接請求の対象から外された。安易に、減税運動に向かうことは問題ではあるが、不合理な改正請求であれば議会が否決することもできる。スイスやアメリカで、財政立法についてレファレンダム（住民投票）が採用されていることと大きな違いがある。アメリカのイニシアティブでは、住民投票による直接立法か、議会否決後の住民投票による立法のしくみがあることと比べれば、議会提案制だけでは不十分との指摘もある（兼子仁『地方自治法』岩波新書、p.36-46.）。カリフォルニア州のプロポジション13の評価は様々ではあるものの、税金に対する発言権を奪われたままでは、財政や政治への関心も高まりようもないところであろう。

> **アメリカのイニシアティブ**
> 憲法や法律の改正について、住民が条文を作成しその可否を住民投票で問う「住民発議」。

> **プロポジション13**
> 1978年6月に米国西部のカリフォルニア州で実施された固定資産税の減税提案で住民投票により成立した。日本では提案13号とよばれ、住民運動家が発議したことで、「納税者の反乱」として紹介された。

戦後50年を過ぎて、高齢社会のサービスと負担について、住民自治の再構築が求められているのである。

3 市町村合併について

1 明治と昭和の大合併

平成不況の中、大手都市銀行を初めとする民間企業の大型合併とともに、地方自治体の合併機運が高まってくることになった。

日本の基礎自治体は、1887（明治20）年頃は7万2,000ほどもあったが、1889（明治22）年の市制町村制施行を前に約半年の間に5分の1近くまで急ぎ統合、減少。その後、中規模の合併策が2回、小規模のものが第二次大戦中に1回実施されている。

戦後は、新憲法と地方自治法の下、教育制度改革による義務教育、自治体警察の運営など、多くの行政事務が市町村に任されることとなり、1953（昭和28）年、町村合併促進法制定。1万近い市町村は1964年には3,460まで減少した。この時は、中学校を運営するに適応する規模とされる人口8,000人を目途に合併が進められている。当時、人口500人以下の自治体も20ほどあったが、やがて市町村の平均人口は3万人ほどとなっていく。その結果、1954（昭和29）年には、実質収支の赤字団体が、2,247市町村を占めるに至っていたが、その後、大きく減少していくことになる。

　また、高度成長に寄与するため、新市町村建設促進法、市の合併の特例に関する法律、新産業都市建設促進法と工業整備特別地域整備促進法においても合併促進策がとられた。1965（昭和40）年には、様々な合併特例規定を整理し、全国的な合併促進のため、市町村合併特例法が成立した。1970（昭和45）年には、二年間に限り、人口3万人で市となる特例を設けている。

　1965（昭和40）年の市町村合併促進法は、10年間の時限法であったが、その後、昭和50年、60年、平成7年に更新、改正され、2005（平成17）年まで延長されてきたものである。

　また、1965（昭和40）年には、地方制度調査会が府県合併を答申し、その後、府県合併特例法案が出されている。憲法95条による住民投票手続きの簡略化を図ったものであったが、こちらの方は大きなうねりとはならず、道州制論などはあったものの、その後の合併論の中心は市町村となっていく。

2　市町村合併特例法の1999（平成11）年改正

　1995（平成7）年、合併特例法が改正されたあたりでは、合併への機運はそれほど大きいものとは思われなかった。しかし、地方分権推進委員会の審議が進み、機関委任事務制度廃止が現実味を帯びてくると、1997年に、市町村合併と地方行革を目指した地方行政体

制検討グループが発足。第二次勧告（1997年）で分権の大要が明らかとなり、分権的税財源確保の道筋がつけられた。

　さらに、第25次地方制度調査会の答申（1998年）を受け、行政体制論、いわゆる分権の受け皿論が大きくなり、積極的市町村合併の必要性が指摘されてくる中、地方分権推進計画でも、市町村合併のための行財政措置がもりこまれてきた。

　1999（平成11）年、地方分権一括法とともに改正された市町村合併特例法は、以前のものに比べ、合併促進についてのスタンスが格段に積極的なものとなっている。99年8月には、自治事務次官は、各都道府県知事宛て「市町村の合併の推進についての指針」を提示し、都道府県に、合併の検討の際の参考や目安となるパターン等、合併推進要綱の策定と市町村合併に向けた積極的支援をするよう訴えている。

　こうした積極性は、これまでみられた財政措置を一層充実させていることでもみてとれる。主なものは、以下のとおりである。

① 合併に向けた地方交付税の額の算定の特例、合併前の交付税額を保証するいわゆる「合併算定替」期間を5年から10年としたこと。
② 合併しても過疎債を継続適用する特例措置。
③ 合併準備補助金と合併市町村補助金の設定。
④ 合併特例債の創設。
⑤ 従来の合併補正を再構成し、行政の一本化に関わる経費、行政サービス水準の調整等の臨時的経費について、普通交付税の包括的財政措置を講ずる。投資的経費については、合併特例債を適用。

3　新設された合併特例債

　合併特例債は、市町村建設計画に基いて行う一定の事業に要する経費や、合併後の市町村が行う地域振興のための基金積み立てに要する経費について、地方財政法第5条に適合しないものでも、合併

年度及びこれに続く10年、地方債を財源とすることができるというものである。

　地方財政法第5条は、「地方公共団体の歳出は、地方債以外の財源をもって、その財源としなければならない」とした上で、地方公営企業の財源、出資金・貸付金の財源、地方債借換えのための財源、災害復旧事業費等の財源、公共施設・公用施設の建設事業費及び土地購入費をいわゆる適債事業として、地方債発行を行ってもよい経費、財源を規定している。

　これに対し、特別法による地方債には、これまで、辺地対策事業債、過疎対策事業債、地域総合整備事業債などがあり、特例地方債といわれている。昭和50年度以降の地方財政対策の中では、地方税臨時減収補てん債や財政対策債などがある。これらの多くは、元利償還財源の一部が地方交付税の基準財政需要額に算入され、借金というより交付金的性格をもってきたところである。

　新設の合併特例債は、通常の地方債より、充当率が高く95％、元利償還金の7割が普通交付税で措置されるものとなっている。適用事業は、次のようなものとされている。

　第一に、合併市町村の一体性の速やかな確立を図るため又は均衡ある発展に資するために行う公共的施設の整備事業である。これは、合併市町村間の連絡道路やトンネル、公園、介護施設など。

　第二に、合併市町村の建設を総合的かつ効果的に推進するために行う公共的施設の統合整備事業である。類似の公共施設を統合し、職員配置を効率化する場合などがあてはまる。

　第三に、合併市町村における地域住民の連帯の強化又は合併関係市町村の区域であった区域における地域振興等のために地方自治法241条の規定により設けられる基金の積立て。これは、地域振興のためのイベントなどソフト事業のための基金積立てである。

　特例地方債は、これまで、過疎地を含めた多くの自治体で、基盤整備財源として地域の活性化に寄与してきた。合併特例債も、合併に向け、ハード、ソフト両面での一定の期待はできる。ただ、合併

推進の財政支援にみられる、地方債の元利償還金の交付税措置などが自治体のモラル・ハザードをもたらし、一時的には、国、地方を通じた財政再建に水を差す可能性も否定できない。

Ⅳ 地方財政の現状

　日本の地方税は、平成不況の先行きが必ずしも明らかでない中でも、国税に比べると安定的に推移してきた。収入がピークの1990年頃と比べ、国税が約7割の水準に落ちているのに対し、地方税は9割程度を維持してきた。国税には景気に影響を受けやすい所得弾力的税源が多いのに対し、自治体、とくに市町村は安定的固定資産税を主要な財源にもち、その評価方法に変更があったことなど、地方税側の要因もある。ただ、そうした結果生じてきたばかりでなく、近年の景気対策としての減税策が国税を中心に行われてきたことも理由としてあげられる。結果として、租税に占める地方税の大きさが大きくなっても、これまでは自治体の財源拡充に大きな変化があったわけではなく、地方財政に占める地方税の大きさとしては上昇傾向にはなかった。

　ようやくの変化をみたのが、2003年末。暫定措置として所得譲与税の創設を決め、三位一体改革はいよいよ税源移譲に向け、一歩踏み出されることとなった。そして、2004年4月に発表された麻生総務大臣提出プラン、さらに夏の国庫補助負担金等に関する地方6団体案を受け、各省庁の対案提出、政府税調における定率減税廃止など、税源移譲を含む地方税制改革に関わると思われる様々な動きが進行してきた。そして、2007年からは、10％比例税率の住民税が導入され3兆円規模の税源移譲が実施された。ただ、定率減税の完全廃止と時を同じくしたため、住民税に対する住民の負担感は大きい。

1 地方財政の収入源

　地方財政収入は、多くの収入源によって構成されるが、主要なものとして、地方税、地方交付税、国庫支出金、地方債がある。日本において、また諸外国の地方財政をみても、これらが主要な財源であることが一般的である。

　ただ、イギリスやドイツなどのように、人件費等日常的経費を経理する経常会計と、耐用年数のある施設、資産を管理する、いわゆる投資的経費に関わる資本（投資）会計を別個に管理して、地方税等を経常勘定の収入源、地方債等借入れは資本勘定の主要な財源とするような、複式予算のしくみをもつ国もあるが、日本の場合では、これらの財源を一元的に管理している。

　2005年度決算から地方財政の収入額をみると、ほぼ93兆円となっており、そのうち地方税が37.4％、地方交付税が18.2％、国庫支出金が12.7％、地方債が11.2％を占めている。

　都道府県支出金、特別区財政調整交付金は、都道府県から市区町村への交付金・補助金であるため、市町村のみに収入がある。特別区財政調整交付金は、かつては納付金と一対のものであり、財源超過の区（都心部の区等）は納付する制度もあったが、2000年の地方自治法改正により交付されるのみとなった。この制度は、地方交付税制度と同様、財政調整制度ではあるが、地方交付税制度が国税の一部を地方団体に配分するものであるのに対し、本来区（市町村レベル）の財源であるべき市町村税を再配分の原資としていることが異なるものである。また、利子割交付金や地方交付税交付金等については、都道府県税の一部を市町村に配分したものである。

　次に、地方財政収入を分類する主な方法をみよう。

　一つに、決算カードの歳入の小計までを一般財源として、その他特定財源と分ける分類がある。これは、使途が決められているか否かを基準とするものである。財源の中で地方税、地方交付税、地方

譲与税等は使い道が決められておらず一般財源。一方、国庫支出金、地方債等は明確に決められているため特定財源とする。地域経済や自治体の財政状況に応じて柔軟に資源配分を行うことができるか否か。すなわち財政の硬直性をみることができる。一般財源が多い方が望ましいということになるが、一般財源といっても、目的税や特定財源といわれるものも含まれることになる。

　また、自主的に財源として集めることができるか否かという観点からは、自主財源と依存財源という分類もある。地方自治の観点からは、自主財源が多い方が望ましいということになり、この範疇に、地方税、分担金・負担金、使用料・手数料、財産収入、寄付金、諸収入等がある。ただ、自主財源であるから、自治体が自主的に管理、運営できるかというとそうでもない。税率決定について、地方税法等で標準税率が決められ、これを大幅に上回る超過課税や標準税率未満に引下げることについてはこれまでのところ制約がある。ただ、分権改革の過程でこれらの制約は小さくなりつつある。

2　地方財政収入に占める地方税

　地方税は、税金のうち、地方自治体が賦課するものであり、地域住民や企業等から強制的に徴収する財源である。地方税法で標準税率や制限税率が規定され、条例によって超過課税等が設定されているものが一般的である。都道府県、市区町村が課税団体となっているが、一部に国が徴収する地方税もある。

　日本の地方税は、地方財源として比較的優先順位は高く、運用上も全国的に統一化されているのが特徴である。イギリスでは、地方税は最初に考えるべき財源ではない。一般交付金、特定補助金等、他の財源を検討しつつ、最終的に不足する財源を住民から集める、いわば最後の手段として地方税がある。したがって、徴収すべき地方税の額、それに基づく地方税率は地方自治体によって全く異なる。税率が地方自治体によってかなり異なる国々では、ある程度こうし

た傾向をもつ。このあたりは、複式予算制度をもち、経常予算について単年度で均衡をめざしていることと関係がある。

　一方、日本の場合、各収入源が別個に見積もられ、地方財政計画の中で、統一的に調整される。地方自治体側も、これまでは、他の自治体と大きく異なる税負担、税率を住民に求めることはしないし、サービスも一様であることが特徴であった。

　地方財政に占める地方税は、長い間、35％を中心に、30％から40％の間を推移してきた。増税なき財政再建路線の中で、補助率のカットが進められ、相対的に地方税のウェートが高まった昭和の末期には40％を超えることもあったが、それを除くと、多くの期間この水準である。また、バブル崩壊後でも、地方税収入の減少額はそれほど大きくはない。景気対策の多くが国税を通じたものであるためもあり、ピークの36兆円から32兆円へと落ちた程度で、減少幅としては10％強である。第二次分権改革の中では、国税と地方税の配分を6対4から1対1へ動かすことを目指しているが、2008年度の一般会計予算（案）では、国税の規模が53兆円、地方財政計画（案）では地方税が40兆円。4対3となっている。（2006年度の地方税、34兆9,000億円が税源移譲により2007年度、40兆4,000億円へと5兆5,000億円増加している）。

3　財政移転のしくみ

　日本における一般交付金（使途の特定されていない財政移転）としては、現在、地方財政調整制度である地方交付税の他、特定の国税を道路延長等一定の基準で各自治体に配分する地方譲与税等もある。また、東京都の特別区には、特別区財政調整制度があり、本来、市の事務である機能を都が実施し、23区内の税の一部を都と23区で分け合っている。

　国から地方への財政移転は、1977年度に国庫支出金が23.1％、地方交付税が16.8％とかなり国庫支出金の方が大きく、移転の中心は

使途の決められたいわゆる特定補助金（国庫支出金）であった。1987年度に両方とも16％台でほぼ並んだ後逆転し、その後財政移転の中心は地方交付税となっている。地方財政に占める地方交付税の割合にほとんど変化がない一方で、国庫支出金が大幅に下げているのである。国庫支出金の地方財政上の役割のみが落ちる形で、いわゆる特定補助金から一般補助金への流れができている。

戦後の地方財政平衡交付金制度は、財源不足額の全額補填方式により地方団体が自立し、やがて地域格差が縮小するであろうことを前提としていたとみられるが、実際にはそう推移してきたとはいえない。近年、交付税は全地方団体の95％以上に交付され、不交付団体はわずかに3〜4％程度、都道府県レベルでは、東京都のみが不交付団体であるにすぎない。歳入、歳出のギャップを埋めるため、地方交付税が大きな位置を占めている。

1975年の地方財政危機以来、バブルといわれた時期を除きほとんど毎年、地方財政対策として地方債の増発とともに地方交付税総額の積み増しが実施されてきた。長くとられた方法は、地方交付税譲与税特別会計が資金運用部から借り入れを行い、地方交付税を増額するというものであった。ミクロの借り入れとしての地方債とマクロの借り入れとしての交付税特会借り入れにより、国の財政危機とともに地方財政危機も拡大した。平成不況下の近年では、数兆円の借り入れが行われ、隠れ借金の一つともいわれてきた。その後、2000年度は民間からの借入れ、2001年度からは、臨時財政対策債が発行され、交付税特別会計の借入れを廃止する方向で改革が進められた。

一般交付金として、地方交付税の他に、地方譲与税と地方特例交付金がある。地方交付税は財政調整を主たる機能の一つとしているが、この2つはこうした機能はゼロではないが主な目的としていない。

地方譲与税は、国税として徴収した特定の税を一定の基準、たとえば自治体の人口、道路の延長、面積などに基づいて配分するもの

である。1989年度から96年度までの消費税３％の時代には、消費税額の５分の１が消費譲与税とされていたため、地方譲与税収全体では２兆円規模であったが、97年度から、地方税として地方消費税が導入されるにあたって消費譲与税は廃止されている。したがって、2003年度まで次のような５種類、計6,000億円程度に止まっていた。①地方道路譲与税（国が揮発油税を徴収する際に、国税として地方道路税を徴収し、これを都道府県・指定都市（100分の58）と市町村（100分の42）に道路の延長や面積を基準に按分して交付する。使途を道路に限定した道路目的財源）、②石油ガス譲与税（国税の石油ガス税の２分の１を都道府県および指定都市に道路の延長、面積を基準に按分、交付される。道路目的財源）、③自動車重量譲与税（国税である自動車重量税の３分の１を市町村に、道路の延長、面積を基準に按分、交付される。道路目的財源）、④特別トン譲与税（国税であるトン税とともに特別トン税も徴収し、その全額を開港所在市町村に譲与する）、⑤航空機燃料譲与税（国税である航空機燃料税の13分の２が空港関係の都道府県（５分の４）、市町村（５分の１）に譲与される。空港周辺整備のための目的財源）。

　これらの多くは道路目的財源であるため、予算改革、公共事業削減に向け、一般財源化に向けた議論が高まっている。2002年度予算では、自動車重量税のわずかな部分について特定財源をはずす試みがなされた。

　2004年より税源移譲に向けた暫定的措置として、所得譲与税が導入され、地方譲与税は３兆7,000億にもなったが、税源移譲実施により2007年度再び7,000億円規模となった。また、2008年税制改正では、地域間の財政力格差是正に伴い、地方法人特別譲与税が創設される。

　地方特例交付金は、1999年度の恒久的な減税に伴う地方税の一部を補てんするため、地方税の代替的性格を有する財源として、税制の抜本的な見直し等が行われるまでの間、国から交付されている交付金である。減税に対して地方交付税により補填がなされても、交

付税の不交付団体には交付されないため導入された。市町村への交付額は、減収見込額の4分の3に相当する額から、市たばこ税の増収見込額を控除した額となっている。2004年度には、税源移譲予定特例交付金が導入されたが、これもこの範疇に入る。

この他、市町村収入の中には様々な交付金がある。これら諸支出金は、道府県税の中からその一部を市町村に交付するものである。地方消費税交付金は、都道府県間で清算後の地方消費税額の半分を市町村に交付するものである。

4 財政調整財源としての地方交付税

戦後行財政改革の一環として実施されたシャウプ勧告により、1950年、地方財政平衡交付金制度が導入され、現在の財政調整制度である、地方交付税の基礎が作られた。地方財政平衡交付金制度は、合理的基準に基づき算定された、各地方団体の基準財政需要額から基準財政収入額を引いた額を全額国が補填するという、積み上げ方式の無限補助金の仕組みであり、財源保障機能を強くもったものであった。この配分については、中央・地方の代表者を含む地方財政委員会で実施されるといった、戦後民主主義改革としてかなり画期的内容ももっていたが、国の経済再建策の下では、財源をめぐって中央・地方の対立を生じさせたことで十分に機能せず、わずかな期間実施されたのみであった。

1954年、創設された地方交付税は、財政需要に基づいて財源不足額を算定する点では平衡交付金を踏襲していたが、交付税総額については、戦前の地方分与税を踏襲、国税の一定割合にリンクする方式に変わった。

交付税総額は、平成元年度の消費税導入まで所得税、法人税、酒税、いわゆる国税3税の一定割合であったが、その後、消費税と国税のたばこ税が加えられ、国税5税にリンクするものとなっている。算定上の割合については、導入時から10年ほどは毎年のように引き

上げられていたが、1966年以来、消費税導入時まで国税3税の32％に固定された。したがって、地方交付税導入後10年間程の1955（昭和30）年代は、総額が動いたという点で、平衡交付金のなごりがあったともいえる。現在、地方交付税総額は、所得税、酒税の32％、法人税の35.8％、消費税の29.5％、国たばこ税の25％となっている。

各地方団体への配分は、基準財政需要額から基準財政収入額を引いた財源不足額を補填するものである。基準財政需要額は、各行政項目毎に、測定単位×単位費用×補正係数によって計算される。消防費の場合、測定単位は人口、教育費では、児童数など、単位費用は人口や児童1人当り単価、補正係数は、寒冷地、人口急増地等、地域特性による調整係数となる。

基準財政収入額は、地方税や地方譲与税から算定される地方税収等の見積り額である。算定上、地方税収の一部をはずし、収入合計額を少なく見積もることにより、交付税交付の可能性を増やし、地方団体の留保財源としてきている。地方交付税の前身の地方財政平衡交付金を創設した1950年、留保財源率は一律30％（したがって基準財政収入への算入率は70％）であったが、基準財政需要額の算入範囲の拡大等に伴い、道府県分については1953年度に20％へ、市町村分については1964年度に25％に引き下げられていた。

この度の分権改革の中で、2003年度より、道府県分の留保財源率も25％に引き上げ、市町村と同様となり、すなわち算入率が75％となった。留保財源率の引き上げを行う場合は、引き上げ分見合いの基準財政需要額を減額することとなる。その減額される需要額は、基準財政需要額による財源保障から離れることとなり、各自治体の留保財源の規模に応じて、それぞれの自治体が対応すべき部分となる。

平成不況の下で、所得税、法人税は税収が下落してきている一方、消費税は上昇してきている。消費税は、1997年度、3％から4％への税率引上げが増収要因となっていることは明らかではあるが、それを別としても、極めて安定的に推移している状況にある。所得税、

法人税は、所得弾力性の高い税源であるが故に、不況期には減収要因となる。また、恒久的減税などを中心に、景気対策としての減税が積極的に行われてきたことも税収減に大きく寄与している。

地方交付税法第6条の3、第2項には、普通交付税の総額（法定率を掛けたもの）と財源不足額が「引き続き」「著しく」異なる場合には、地方財政若しくは地方行政に係る制度の改正又は交付税率の変更を行うものとなっている。それが継続する場合は財源保障機能を果たさなくなるためである。「引き続き」とは、2年度間過不足の状態が続き3年度以降もその状態が続くもの、「著しく異なる」とは、過不足額が交付税額の1割程度以上になる場合とされている（岡本全勝『地方交付税―仕組と機能―』大蔵省印刷局、1995年、77頁）。しかし、実際には交付税率の変更は伴わず、毎年の地方財政対策で対応されてきたのである。

結局、交付税論議は、需要調整をどう見るかである。財政調整を収入力調整だけにしておいてよいかということになろう。

5 税源移譲への道のり

三位一体改革における具体的税源移譲プランとしては、2002年、および2004年には、経済財政諮問会議において、総務大臣が税源移譲を含む分権プランを提案してきた。

2002年5月には、片山総務大臣が「地方財政の構造改革と税源移譲について（試案）」、いわゆる片山プランを公表している。ここでは、国税：地方税を1：1とするため、所得税から住民税に3兆円、消費税から地方消費税に2.5兆円、合わせて5.5兆円の税源移譲を提案している。住民税は、負担分任の観点にたって、比例税率10％とし、地方消費税については2％に引き上げることになる。この地方税増加分、国税減少分が税源移譲ということになる。

さらに、2004年4月に発表された「『地方分権推進のための地方財政改革』（『三位一体の改革』について）」、いわゆる麻生プランに

おいては、2005年度以降の進め方について、次のようにまとめている。

①改革全体の確実な推進を図るとともに、偏在性の少ない地方税体系を構築する観点から、本格的な税源移譲の規模（約3兆円）・内容（10％比例税率化）を「先行決定」。
②補助金削減により移譲すべき額が3兆円に満たない場合は、偏在度の高い他の地方税を国へ逆移譲して調整。
③地方の自由度が大幅に拡大し、税源移譲に結びつくものを中心に、3兆円の国庫補助負担金改革を確実に実施。
④特に、2005（平成17）年度は、施設整備事業に係る国庫補助負担金全体の廃止、義務教育費国庫負担金のうち学校事務職員等に係るものの先行的検討、奨励的国庫補助金の計画的縮減に重点。
⑤2005（平成17）年度は「地域再生」等を進めるため、地方税、地方交付税等の一般財源総額を前年度と同程度の水準に。
⑥交付税算定に行革努力が報われる要素を導入。

国と地方の税源配分の見直しに関する目標としては、国税：地方税＝1：1を掲げる一方、財政力格差の縮小に向けた取組みとして、法人事業税の分割基準の見直し、その他の財源均てん化方策を講じるとしている。不交付団体に対しては、税源移譲による税源偏在是正の効果をみながら、国庫補助負担金の不交付団体への交付制限や地方譲与税の譲与制限等を検討するものとなる。

麻生プランを受け、2004年6月、骨太の方針第4弾では、国庫補助負担金改革を前提に、概ね3兆円規模の税源移譲を行うことが明記された。2006年度までに、所得税から住民税への本格的な税源移譲を実施。応益性や偏在度の縮小を考慮しつつ個人住民税所得割のフラット化を進め、これに合わせて国・地方を通じた個人所得課税の抜本的見直しを行うこととなった。

2004年度、2005年度には、国庫補助負担金削減および税源移譲へのつなぎとして、暫定的に所得譲与税、税源移譲予定特例交付金を

導入、措置するとともに、2006年度にはさらに税源移譲見込額を用いた基準で上積みし、都道府県、市町村合わせて3兆円規模の所得譲与税が譲与されている。2007年度からほぼこの額が個人住民税に組み入れられ、結果として10％（道府県民税4％、市町村民税6％）の比例税率となる予定となっている。合わせて、国税の所得税は、現行10、20、30、37％の4段階税率から、総負担水準を考慮して5から40％までの6段階税率になったのである。

6 税源配分の考え方

　そもそも、税源移譲論は、国と地方の歳入、歳出バランスの違い、すなわち、国税と地方税の収入は6対4、租税としては国のほうが多く集めているのに対し、地方自治体の歳出の方が大きく、4対6と逆転していることに起因する。この部分は地方交付税、国庫支出金で、財政調整や財源保障を行い、さらに、国債、地方債といった公債で財政運営が行われている。この歳入、歳出の差があまりに大きいことから、国から自治体へ税源移譲、すなわち、国税の一部を地方税として再構成する必要性が出てくることになる。

　実は、租税全体に占める地方税、すなわち、国と地方の税源配分としては、日本の場合、必ずしも国税が多すぎる、よって地方税が少なすぎるということになっているわけではない。むしろ、OECD統計等からは、地方税が大きい方から数えた方が早い。

　もちろん、国際比較は、各国の個別の経済、社会、文化的状況を捨象して行われており、そのまま比較することに問題はある。しかし、税源配分でみた地方税割合として、日本の状況がとくに小さいということもできないくらいは、いってもいいだろう。少なくとも数字上は、北欧の次くらいには位置している。

　こうしてみると、地方税が少ないということより、財政移転が大きいこと、それに伴う国の関与システムの問題が問題とされる。

　さらに、もう一つの問題、（これはあまり実感をもって受けとめ

られていないが）GDP比でみた租税負担率がOECD30カ国、2003年の数値ではとうとう最下位で15.6％、社会保障負担を含めると29位で25.3％（最低はメキシコ）となったことである。この年、最高はデンマークで47.1％、社会保障負担を含めるとスウェーデンの50.6％である。少子高齢化が急速に進行し、世界でもトップクラスの高齢化率となっても、将来への不安が高まっているのも関わらず、負担だけは異常に少ないのである。

そして、その原因は、よく指摘されるように消費税率がEU諸国より低いことばかりではない。GDP比でみた個人所得税負担率はOECD平均9.4％に対し日本4.4％（ポーランドと並んで下から3番目）。高齢化の進んだ福祉国家は、確かに高税率の付加価値税等を導入しているが、個人所得税の課税にも熱心であることはみておかなければならない。租税負担の大きい国で個人所得税が十分に得られていない国はほとんどない。少子・高齢社会の財源として考えるべきは、消費税ばかりではないのである。

自治体財政の問題としては、国の関与の問題とともに、歳入、歳出の差を小さくすることが議論されるがこの差を埋めるためには、2つの道がある。地方の支出を変えるか、地方税を変えるかである。

地方税を現状のままとするならば、地方財政支出を小さくすることである。

いわば、イギリス型を目指すわけであり、地方自治体は独自の税が少ないのだから、それに応じて仕事も少なくする、中央集中型の財政システムということになる。明らかに分権化には反し、市町村合併により、自治体の行財政能力を高めようとの方向性にはそぐわない。イギリスでも、税源拡充プランが再三にわたって議論されてきたところであり、税源が少ないことが問題とされてきたところである。

一方、地方税を増やすことを考えるのであれば、地域格差の是正をしつつも地方が自立的運営をするために必要な税源移譲を行う必要がある。さらに、地域的に格差のでない安定的な財源を確保する

ための地方税制の構築である。

　望ましい地方税再構築の方向としては、地方税制自体に格差拡大要因をおかない、交付税の必要性をわざわざ大きくするような部分を極力小さくしていくことである。負担分任性があり地域格差の少ないものをつきつめていけば、1990年代初頭のイギリスのように人頭税にまでいきつく。納税者と有権者が重なり合うという政治的には極めて興味ある実験ではあったが、単税制度であるが故に公平の観点からかなり問題があったのである。

> **人頭税**
> 一人当たりいくらというように課税される税。基本的には所得、資産、消費に応じて課税というものではなく、いうなれば、「割り勘」のようなもの。

V 地方税と地域格差

　2007年度の税源移譲により、長きに渡り累進税率をとり近年は3段階税率であった日本の住民税は10％比例税率となった。地方税の増税分は国税所得税の減税となり相殺されているが、合わせて恒久的減税による定率減税も廃止されたため負担感は大きく、年金問題も絡んで必ずしも住民の理解が十分に得られているとはいえない状況にある。

　所得税の地方税分を比例税率に、国税分を累進税率にというのは、北欧型所得税制、とくにスウェーデン型をベースとしたものであるが、地方税のほとんどを高税率の所得税に頼り福祉、医療、教育に特化する自治体をもつ北欧型と、企業所得課税をもち自治体の公共投資ウェートも大きい日本型とは、かなりの違いがある。そこに、地域格差の素があるようである。

1　国際比較からみた税源配分

　OECD歳入統計の2007年版によって、総税収に占める州、地方の税源配分についてみよう。この統計では、総税収（社会保障基金を含む）が連邦国家では、連邦、州、市町村、単一国家では、国、地方団体に配分されている。この他、EU、社会保障基金への配分がある。1975年から2005年の間、平均値でみると、単一国家についてはそれほど顕著な傾向はみられていないが、連邦国家の地方税比率は概して減少傾向にあり、社会保障負担が伸びていることが特徴である。

　連邦国家の連邦税は約50％、州税が20％、市町村税が10％ほどと

なっている。2005年に州税が大きく、20％を大きく上回る水準にあったのは、カナダの38.4％、2003年より付加価値税が導入され全ての州に配分されることになったオーストラリアが27.9％、スイス25.1％、ベルギーの24.0％である。市町村税についてみると、スイスの15.6％、アメリカの14.1％が高い水準にある。州税の大きい連邦国家は、市町村の税収が小さく、基礎自治体より州中心の税システムがみられている。州と地方団体合わせて連邦税収の水準を超えているのは、スイスとカナダである。

単一国家の（社会保障負担を含めた）税源配分についてみると、1975年以来、国税比率が61％から64％、地方税比率が12％から13％台となっている。表1のように、2005年に地方税がこの平均的水準を大きく上回る国は、デンマークの33.0％、スウェーデンの32.2％、近年の改革により数値が急上昇したスペイン30.2％、日本25.3％、アイスランド20.8％、フィンランド20.7％等である。このうち、アイスランドについては、社会保障負担がなく、国税と地方税を合わせて100％となっているため、地方税比率の高さは若干割り引いてみる必要があろう。ここの国税比率は79.2％ということであり、この水準はイギリスの国税比率とほぼ同等である。また、デンマークも社会保障負担は少ない。

反対に、連邦国家で州や市町村の税収比率が特に少ないのは、財源が中央に集中するメキシコの州、市町村の他、オーストラリアの市町村税、オーストリアの州税にこの傾向がみられる。単一国家の地方税では、ギリシャ、アイルランド、オランダ等が低い。社会保障負担等を除き国税と地方税のみについて比較すると、国税比率の高いイギリスやポルトガル、ニュージーランドの地方税比率もかなり低い水準にあるといえる。ニュージーランドは、長く国税中心型税制をとっている一方、イギリスについては、1990年、地方事業税（事業レイト）の自治体から国への税源移譲に伴い、地方税が急減し、国税中心型となった。

図表V-1　地方への税源配分が13％以上の単一国家
（ルクセンブルクを含む）　（2005年、％）

	EU	国税	地方税	社会保障負担
デンマーク	0.4	64.4	33.0	2.2
スウェーデン	0.6	56.1	32.2	11.2
スペイン	0.4	36.5	30.2	32.8
日　本		37.9	25.3	36.8
アイスランド		79.2	20.8	0
フィンランド	0.2	53.9	20.7	25.2
韓　国		61.6	17.4	21.0
イタリア	0.3	52.3	16.6	30.8
チェコ	0.5	41.5	15.1	42.9
ノルウェー		86.7	13.3	0
ルクセンブルク	0.5	67.7	4.5	27.3
平均		61.3	13.6	24.7

（出典）　Revenue Statistics 1965-2006, OECD, 2007.

　北欧諸国は、租税負担率が世界でも高い水準にあることで知られているが、地方への税源配分比率も概して最も大きい部類に属する。したがって、地方財政収入に占める地方税の割合も50％〜70％程と高い水準にある。
　税源配分の見直しと税源移譲が議論される日本の状況については、少なくとも数字上は、北欧の次くらいには位置している。これは、1980年代からの減税が国税中心に行われてきたことにより、相対的に生じてきた面もある。さらに、2007年の税源移譲により、日本における地方税ウェートはさらに高まり、租税だけをとれば45％程度

になるとみられる。

2 主要な地方税源の構成

　次に、各国の地方税（州税を含む）が、どのような税目から構成されるかについてみると、ほとんどの国は複税制度をとっていて、主要な税として、所得・利益課税、消費課税、資産課税の３つに分けられる。

　そして、所得・利益課税が最大の税収をあげ、基幹的税となっている国が半数を占めている。この税が80％以上を占めている国として、スウェーデン、フィンランド、デンマーク、ルクセンブルグ、ノルウェー、アイスランドがある。

　特に北欧で90から100％も占めるところが多く、「北欧型」ともいえるこの地域の地方税制の特徴を示している。この結果、北欧諸国の国税に、所得・利益課税部分は比較的小さく、デンマークを除けば２割から４割を占める程度（日本は57.9％）である。所得税の中心部分は地方税であり、国税としての所得税は大きな意味を持っていないのである。

　資産課税からの収入が９割以上を占め基幹税目となっている国も、イギリス、アイルランド、ニュージーランド、オーストラリア、半分を超える国にギリシャ、オランダ、フランス、がある。この中には、英連邦の国々が多く含まれており、その資産税ウェイトは特に高いのが特徴である。

　消費課税が半分以上を占める国は、ハンガリーであるが、チェコ、トルコ、オーストラリア、ドイツ、ベルギー、アメリカなどで、地方税収の30％以上をこの税によっている。これらの中には、連邦国家で、主に州税の中に消費課税をおいていることが一つの特徴といえる。

　さらに、連邦国家の州、市町村の税源構成、単一国家の地方税源の構成をよりくわしくみると、以下の特徴がある。

第一に、連邦国家では、所得課税は州、地方両方に置かれるケースが多く、資産税はおもに市町村税、一般的消費税は州レベルに置かれている。また、消費課税としては、一般的消費税の方が多く、個別消費税のウェートは近年減少傾向にある。

　第二に、単一国家の地方税は、所得課税の中でも個人所得課税中心であり、企業所得課税は極めて少ない。ルクセンブルグは地方税の91.1％を企業所得課税によっているが、極めて異例である。企業所得課税が個人所得課税と同等か、それを超えるほど大きな税収をあげている国もそれほど多くはなく、チェコ、トルコ、そして日本である。北欧の地方所得税は、その多くが個人所得税である。ただ、スウェーデン、デンマークがほぼすべてであるのに対し、フィンランドではこのところの改革で企業所得課税部分も次第に増加傾向にある。

　第三に、EUでは、付加価値税が知られているが、これは国税であり、地方税として導入している国は少ない。単一国家の地方消費課税は概して個別消費税であったが、近年、一般的消費税もみられるようになっている。

　第四に、単一国家の資産課税は近年減少傾向となってはいるが、英連邦の国々を中心に今日でも重要な地方収入源である。一時期、人頭税となっていたイギリスも1993年、資産税に復帰した。

　表2は、単一国家の主要地方税の構成についてみたものであるが、地方自治体への税源配分が大きい国は、北欧が多く含まれることもあり、個人所得課税中心で租税負担率も高い国であるという特徴をまとめられる。また、法人所得課税中心の国としてルクセンブルクがあるが、国の面積が小さく（神奈川県ほど）人口も50万人規模の国であり、地域格差が問題とはならない規模の国といえる。また、ここには出ていないが、オランダ、ハンガリー、ニュージーランドのように個人所得課税に多くを頼っていない国は、地方への税源配分も少ない傾向がある。

図表V-2　地方税の構成（主要な税目）％

	個人所得課税	法人所得課税	資産課税	一般的消費課税
デンマーク	90.9	2.3	6.8	
スウェーデン	100.0			
スペイン	23.3	1.8	27.5	24.3
日　本	24.1	23.9	30.3	7.3
アイスランド	83.3		13.4	3.2
フィンランド	86.7	8.1	5.1	
韓　国	7.8	7.5	49.8	
イタリア	17.4	1.7	13.9	4.8
チェコ	26.9	26.3	3.0	37.6
ノルウェー	88.9		9.1	
ルクセンブルク		91.1	7.0	

出典　表V-1に同じ
注　　地方への税源配分が大きい表V-1該当国とルクセンブルク。

3　地方税—地域的格差の理由

　地方財政を歳入、歳出両面から調整を行っているのが地方交付税制度ということになるが、そもそも、地方税の中に地域格差を拡大している要因があった。
　まず、住民税収（道府県民税、市町村民税）の3分の2を占める個人住民税について。均等割としては、道府県の場合、1,000円で均等であるが、市町村の場合、金額は多くないものの、人口規模と自治体の種類によって2,000円から3,000円まで3段階の標準税率となってきた。自治体の施設整備が大都市ほど十分であるとの観点から

差を設けたものとされたが、2004（平成16）年度改正でこれは3,000円に統一され、道府県税、市町村税分合わせて4,000円となった。

所得割は、2007年の税源移譲に伴う住民税の10％比例税率化前まで、市町村民税としては、3、8、10の3段階税率、道府県民税としては、2、3の2段階税率となっていた。課税標準段階別納税義務者数からみてみると、200万円以下が最も多く、次いで200万円超700万円以下、700万円超と続いている。当然のことながら、道府県としてみれば、ほとんどすべてが700万円以下となる。このことは、高額所得者がいるかどうかが税収確保にいかに大きな影響をもつかを示している。当然のことながら、累進段階の上昇が大きければ大きいほどこの傾向は強くなり、単なる地域の経済格差を超える税収格差がつくことになる。比例税率の所得課税であれば、地域格差は、住民の数と所得水準の高低に比例するだけである。

人口5,000人程度までの町村で、第一次産業人口の多い地域であれば、最高税率に該当する700万円超の納税義務者がほんのわずかである一方、大都市では、多くの納税者がここに関わる年収をもつ。また、第１次産業のウェイトや特別徴収によって納税されている住民が多いかどうかもこのことに影響をもつだろう。

このように、住民税が累進税率をもつことは、地域格差を拡大するとともに、景気弾力性を高め、不安定性の原因ともなっている。後者については、長所短所両方をもつことになるが、前者については、財政調整の必要性をわざわざ高めるようにしているシステムであった。

次に、法人２税（法人住民税、法人事業税）についてみよう。法人住民税については、市町村、道府県とも、資本金額によって、均等割額に大きな格差がある。法人税割については、（法人所得課税である）法人税の金額を基礎として標準税率が設定されている。法人事業税については、近年の税制改正で部分的に外形標準課税を入れることとなったが、これまでは課税標準のほとんどを所得及び清算所得によってきた。このため、2005（平成17）年度、東京都の税

収構成比は、道府県税全体に占める割合でみると17.7％であるのに対し、法人2税（道府県税分）では26.2％。愛知県、神奈川県、大阪府を含め4都府県の合計では、それぞれ38.7％、49.1％とその差が広がる。財政力指数が0.7未満の残り43道府県では、概して道府県税のシェアの方が大きい状況にある。概して大都市部に大企業が多いことと、所得ベースであり企業活動に大きな影響を受けていることにより、格差がつくといえる。

一方、固定資産税は、土地、家屋を課税ベースの主要部分としているため比較的安定的であり、小規模自治体においてより重要性を増す。町や村では、税収半分以上を固定資産税によっている。超過課税も168市町村が実施しており、その多くは大都市部ではない。地方消費税についても、消費譲与税時代のしくみと同様に、国が徴収、地域的に清算、あん分交付ということになり、比較的安定的である。

図によれば、人口1人当たり税収額の指数は、法人2税で最も格差が大きく、東京都の266.8から長崎県の40.9まで差がつき、最も格差の小さいのは地方消費税となる。いずれも東京都の指数が最も大きいが、それに次ぐ県は、法人2税で愛知県、大阪府、個人住民税では神奈川県、愛知県、固定資産税は愛知県、福井県、地方消費税では大阪府、長野県と税源が集中する4都府県以外の県が含まれている。地域住民の負担状況、大規模資産の存在、商業の状況等の要因によるもので、各税の特徴を表している。とくに、地方消費税は、ほとんどの道府県が90から110の間に収まっており、70台は沖縄県と奈良県のみとなっている。ただ、現在のところ、主要4種の地方税のうち、地方消費税の規模が最も小さいため、地方税全体としての格差を動かすほどのものとはなっていない。

日本の租税体系は、国に景気弾力的税を、地方に安定的税をといった配分にはなっていない。個人所得、法人所得、消費いずれも、国と地方で税源を共有、分割した形となっている。住民税は比例税となったが、法人所得課税も主要な地方税とされている。地方税が、

安定的かつ地域格差の少ない財源として機能していくためには、所得税の最低税率5％分を住民税に組み入れ住民税率15％とすること、地方消費税のウェイトを高めること、法人事業税の外形標準部分を増やすことから検討すべきであろう。税源配分の抜本的見直しの際には、法人2税を国税の法人税に組み入れることも進めなければならないだろう。

（事務所、事業所が複数の道府県にまたがっている場合、税額を一定基準で分割して各道府県に納付するという）事業税の分割基準の存在は、（商業統計、人口、従業者からなる）消費税の清算基準とともに、これらの税が全くの独立税として制度化されていないことを意味している。様々な分割、清算の方法があるわけで、東京に集まるようにも集まらないようにもできる可能性があり、ほとんど譲与税的な仕組みともなりえることを示している。実際、法人事業税の場合、資本金1億円以上の法人の本社管理部門の従業員数を2分の1、工場従業者数を1.5倍と算定する方法や、2005年度改正では、従業員数と共に事務所数を分割基準として採用し、大都市地域への配分を減らそうという格差是正への試みがなされた。

イギリスの事業用資産レイトは、もともと地方税であったが、1990年の国税化、地方譲与税化により、国がプールして人口基準で各自治体に配分されるしくみとなってきた。各自治体内の経済状況、企業活動とは関係なく配分されてきたわけである。おそらく、想像される最も非大都市型の配分方法は、人口割であるとみられるが、地価急上昇や下落を経験し、様々に気を配った結果、複雑化し、資産価格との関係が不明確となってきた固定資産税のように、制度があまりゆがむのは望ましくないだろう。

事業用資産レイト
イギリスで企業用の資産、たとえば工場、商店、事務所などの資産に課税する国税。歳入援助交付金（日本の地方交付税）財源となり、自治体に配分される。サッチャー政権時代までは地方税であった。

図表V-3 地方税収計、個人住民税、法人二税、地方消費税及び固定資

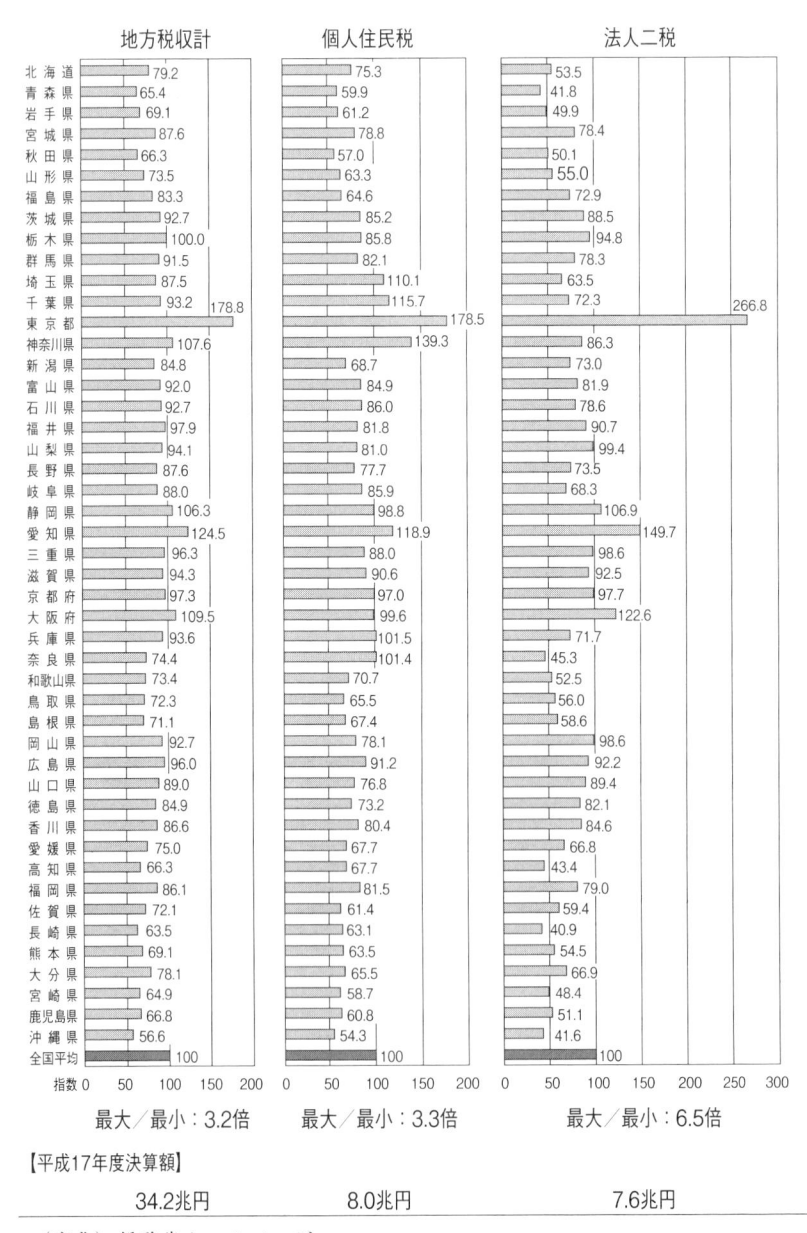

	地方税収計	個人住民税	法人二税
北海道	79.2	75.3	53.5
青森県	65.4	59.9	41.8
岩手県	69.1	61.2	49.9
宮城県	87.6	78.8	78.4
秋田県	66.3	57.0	50.1
山形県	73.5	63.3	55.0
福島県	83.3	64.6	72.9
茨城県	92.7	85.2	88.5
栃木県	100.0	85.8	94.8
群馬県	91.5	82.1	78.3
埼玉県	87.5	110.1	63.5
千葉県	93.2	115.7	72.3
東京都	178.8	178.5	266.8
神奈川県	107.6	139.3	86.3
新潟県	84.8	68.7	73.0
富山県	92.0	84.9	81.9
石川県	92.7	86.0	78.6
福井県	97.9	81.8	90.7
山梨県	94.1	81.0	99.4
長野県	87.6	77.7	73.5
岐阜県	88.0	85.9	68.3
静岡県	106.3	98.8	106.9
愛知県	124.5	118.9	149.7
三重県	96.3	88.0	98.6
滋賀県	94.3	90.6	92.5
京都府	97.3	97.0	97.7
大阪府	109.5	99.6	122.6
兵庫県	93.6	101.5	71.7
奈良県	74.4	101.4	45.3
和歌山県	73.4	70.7	52.5
鳥取県	72.3	65.5	56.0
島根県	71.1	67.4	58.6
岡山県	92.7	78.1	98.6
広島県	96.0	91.2	92.2
山口県	89.0	76.8	89.4
徳島県	84.9	73.2	82.1
香川県	86.6	80.4	84.6
愛媛県	75.0	67.7	66.8
高知県	66.3	67.7	43.4
福岡県	86.1	81.5	79.0
佐賀県	72.1	61.4	59.4
長崎県	63.5	63.1	40.9
熊本県	69.1	63.5	54.5
大分県	78.1	65.5	66.9
宮崎県	64.9	58.7	48.4
鹿児島県	66.8	60.8	51.1
沖縄県	56.6	54.3	41.6
全国平均	100	100	100

最大／最小：3.2倍　　最大／最小：3.3倍　　最大／最小：6.5倍

【平成17年度決算額】
34.2兆円　　8.0兆円　　7.6兆円

(出典) 総務省ホームページ

産税の人口1人当たり税収額の指数（全国平均を100とした場合、2005年度）

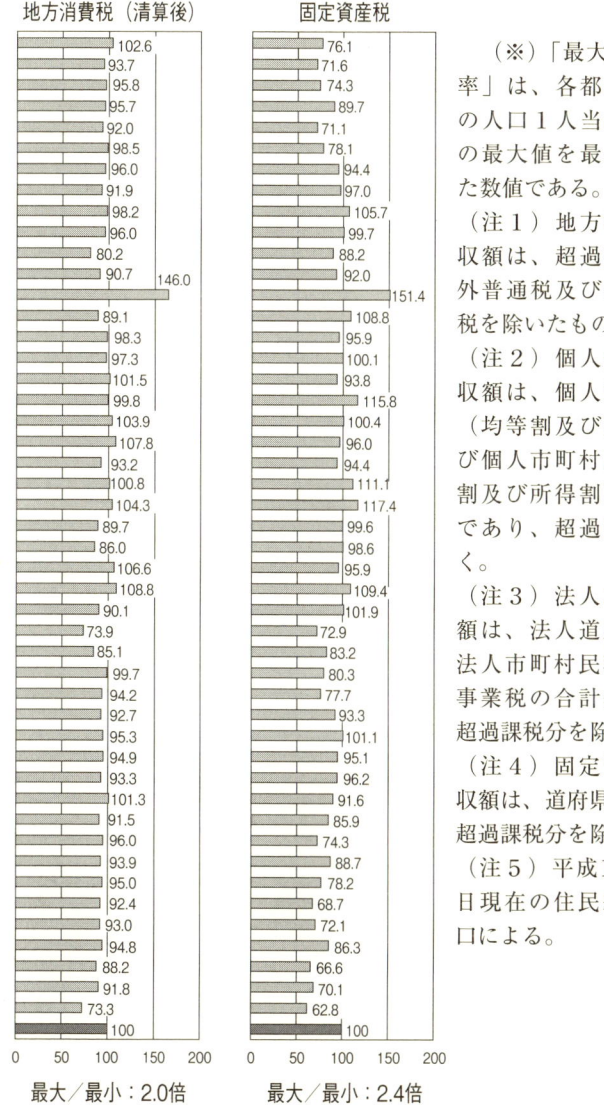

地方消費税（清算後）

102.6, 93.7, 95.8, 95.7, 92.0, 98.5, 96.0, 91.9, 98.2, 96.0, 80.2, 90.7, 146.0, 89.1, 98.3, 97.3, 101.5, 99.8, 103.9, 107.8, 93.2, 100.8, 104.3, 89.7, 86.0, 106.6, 108.8, 90.1, 73.9, 85.1, 99.7, 94.2, 92.7, 95.3, 94.9, 93.3, 101.3, 91.5, 96.0, 93.9, 95.0, 92.4, 93.0, 94.8, 88.2, 91.8, 73.3, 100

最大／最小：2.0倍

2.6兆円

固定資産税

76.1, 71.6, 74.3, 89.7, 71.1, 78.1, 94.4, 97.0, 105.7, 99.7, 88.2, 92.0, 151.4, 108.8, 95.9, 100.1, 93.8, 115.8, 100.4, 96.0, 94.4, 111.1, 117.4, 99.6, 98.6, 95.9, 109.4, 101.9, 72.9, 83.2, 80.3, 77.7, 93.3, 101.1, 95.1, 96.2, 91.6, 85.9, 74.3, 88.7, 78.2, 68.7, 72.1, 86.3, 66.6, 70.1, 62.8, 100

最大／最小：2.4倍

8.8兆円

（※）「最大／最小の倍率」は、各都道府県ごとの人口1人当たり税収額の最大値を最小値で割った数値である。

（注1）地方税収計の税収額は、超過課税、法定外普通税及び法定外目的税を除いたものである。

（注2）個人住民税の税収額は、個人道府県民税（均等割及び所得割）及び個人市町村民税（均等割及び所得割）の合計額であり、超過課税分を除く。

（注3）法人二税の税収額は、法人道府県民税、法人市町村民税及び法人事業税の合計額であり、超過課税分を除く。

（注4）固定資産税の税収額は、道府県分を含み、超過課税分を除く。

（注5）平成18年3月31日現在の住民基本台帳人口による。

図表V-4　地方たばこ税、自動車税及び軽油引取税（目的税）の人
（全国平均を100とした場合、2005（平成17）年度

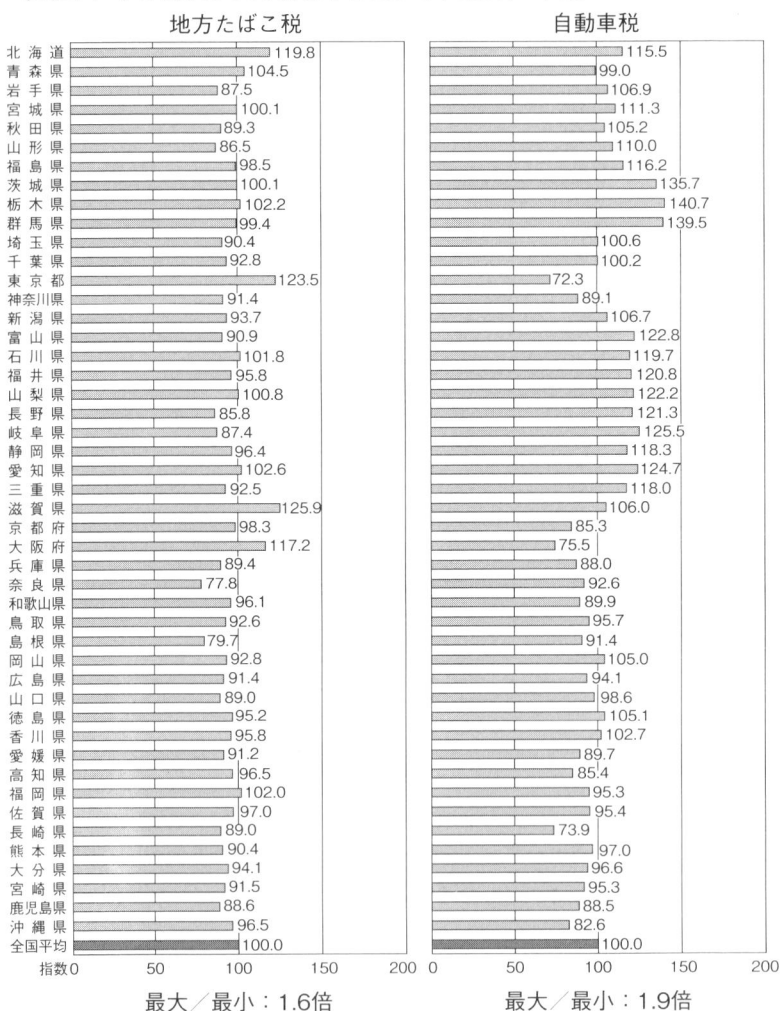

地方たばこ税

都道府県	指数
北 海 道	119.8
青 森 県	104.5
岩 手 県	87.5
宮 城 県	100.1
秋 田 県	89.3
山 形 県	86.5
福 島 県	98.5
茨 城 県	100.1
栃 木 県	102.2
群 馬 県	99.4
埼 玉 県	90.4
千 葉 県	92.8
東 京 都	123.5
神奈川県	91.4
新 潟 県	93.7
富 山 県	90.9
石 川 県	101.8
福 井 県	95.8
山 梨 県	100.8
長 野 県	85.8
岐 阜 県	87.4
静 岡 県	96.4
愛 知 県	102.6
三 重 県	92.5
滋 賀 県	125.9
京 都 府	98.3
大 阪 府	117.2
兵 庫 県	89.4
奈 良 県	77.8
和歌山県	96.1
鳥 取 県	92.6
島 根 県	79.7
岡 山 県	92.8
広 島 県	91.4
山 口 県	89.0
徳 島 県	95.2
香 川 県	95.8
愛 媛 県	91.2
高 知 県	96.5
福 岡 県	102.0
佐 賀 県	97.0
長 崎 県	89.0
熊 本 県	90.4
大 分 県	94.1
宮 崎 県	91.5
鹿児島県	88.6
沖 縄 県	96.5
全国平均	100.0

最大／最小：1.6倍

自動車税

都道府県	指数
北 海 道	115.5
青 森 県	99.0
岩 手 県	106.9
宮 城 県	111.3
秋 田 県	105.2
山 形 県	110.0
福 島 県	116.2
茨 城 県	135.7
栃 木 県	140.7
群 馬 県	139.5
埼 玉 県	100.6
千 葉 県	100.2
東 京 都	72.3
神奈川県	89.1
新 潟 県	106.7
富 山 県	122.8
石 川 県	119.7
福 井 県	120.8
山 梨 県	122.2
長 野 県	121.3
岐 阜 県	125.5
静 岡 県	118.3
愛 知 県	124.7
三 重 県	118.0
滋 賀 県	106.0
京 都 府	85.3
大 阪 府	75.5
兵 庫 県	88.0
奈 良 県	92.6
和歌山県	89.9
鳥 取 県	95.7
島 根 県	91.4
岡 山 県	105.0
広 島 県	94.1
山 口 県	98.6
徳 島 県	105.1
香 川 県	102.7
愛 媛 県	89.7
高 知 県	85.4
福 岡 県	95.3
佐 賀 県	95.4
長 崎 県	73.9
熊 本 県	97.0
大 分 県	96.6
宮 崎 県	95.3
鹿児島県	88.5
沖 縄 県	82.6
全国平均	100.0

最大／最小：1.9倍

【平成17年度決算額】
1.1兆円　　　　1.8兆円

（注1）地方たばこ税の税収額は、道府県たばこ税収入及び市町村たばこ税の
（注2）自動車税の税収額は、超過課税分を除く。
（注3）平成18年3月31日の住民基本台帳人口による。
（注4）（参考）は平成16年度の人口1人あたりの県内総生産額である。
（出典）総務省ホームページ。

□1人当たり税収額の指数　　　　　（参考）

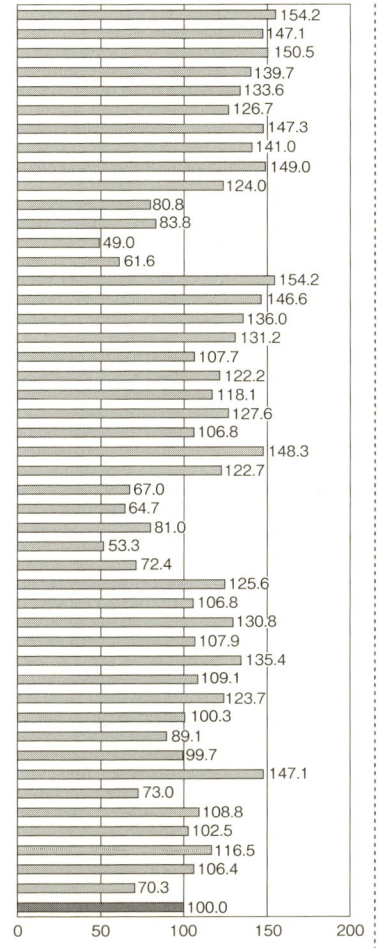

軽油引取税（目的税）　　　　県内総生産（2004年度）

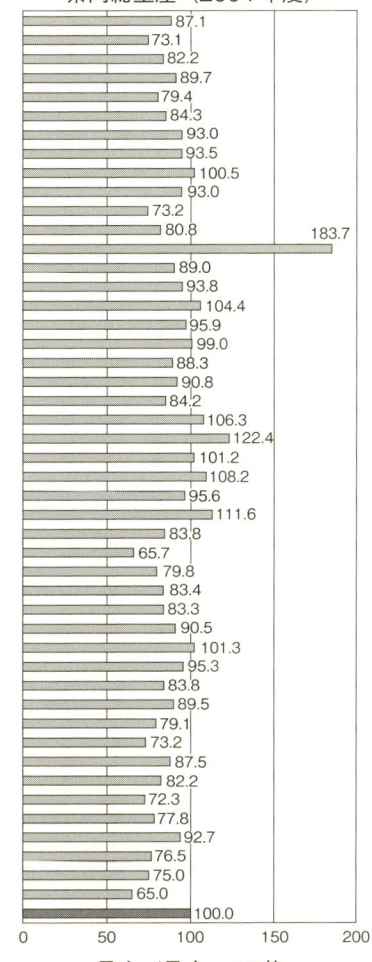

軽油引取税	県内総生産
154.2	87.1
147.1	73.1
150.5	82.2
139.7	89.7
133.6	79.4
126.7	84.3
147.3	93.0
141.0	93.5
149.0	100.5
124.0	93.0
80.8	73.2
83.8	80.8
49.0	183.7
61.6	89.0
154.2	93.8
146.6	104.4
136.0	95.9
131.2	99.0
107.7	88.3
122.2	90.8
118.1	84.2
127.6	106.3
106.8	122.4
148.3	101.2
122.7	108.2
67.0	95.6
64.7	111.6
81.0	83.8
53.3	65.7
72.4	79.8
125.6	83.4
106.8	83.3
130.8	90.5
107.9	101.3
135.4	95.3
109.1	83.8
123.7	89.5
100.3	79.1
89.1	73.2
99.7	87.5
147.1	82.2
73.0	72.3
108.8	77.8
102.5	92.7
116.5	76.5
106.4	75.0
70.3	65.0
100.0	100.0

最大／最小：3.1倍　　　　　最大／最小：2.8倍

1.1兆円　　　　　　　　508.4兆円

合計額である。

Ⅴ 地方税と地域格差

図表V-5　道府県税に占められる各道府県への集中度

	1987（昭和62）年		1995（平成7）年		2005（平成17）年	
	道府県税	法人2税（道府県分）	道府県税	法人2税（道府県分）	道府県税	法人2税（道府県分）
東京都	20.6	27.6	15.6	19.8	17.7	26.2
主要4都府県	43.6	52.7	37.0	42.6	38.7	49.1
財政力指数下位10県合計	5.2	3.7	6.2	5.4	6.6	4.4

（出典）『地方財政白書』1989、1997、2007年度版より作成。

図表V-6　法人事業税の分割基準見直しの経緯

	1951年度	1954年度	1962年度	1967年度	1970年度	1989年度	2005年度
銀行業 保険業 （証券業）		1/2を事務所数 1/2を従業者数				証券業が追加	1/2を事務所数 1/2を従業者数
運輸・通信業 卸売業・小売業 サービス業等	従業者数			各月の延べ従業者数を期末現在の従業者数とした	資本金1億円以上の法人の本社管理部門の従業者を1/2	資本金1億円以上の法人の工場の従業者を1.5倍	※本社管理部門の従業者1/2措置廃止
製造業			資本金1億円以上の法人の本社管理部門の従業者を1/2				本社管理部門の従業者1/2措置廃止

（出典）岩手県ホームページ。

4　税源交換論と2008年度の臨時措置

1　地域格差と税源交換論

　地方税の地域格差対策としては、2008年度予算を前に、税源交換論が議論された。これは、地方消費税を拡充し、その代わりに法人2税を国税としていくというものであり、地方交付税が削減傾向にある中、偏在性の小さい財源を地方に、大きい財源を国におくことにより、地方税全体としての偏在性を小さくし、交付税の必要性も減らしていくというものである。地方税原則からすれば妥当なこともいえるが、当面、東京など大都市部から農村部への税源配分の変更、すなわち資金移動を意味し、地方財政の枠内で水平的調整機能をもたせたといえる。政府部内では、消費税率を引き上げる場合に、地方消費税も引き上げるということについてはある程度の合意ができていたようであるが、消費税引き上げが困難な中で地方消費税を引き上げることとなると、合わせて5％の中の配分を国対地方で4対1から3対2にしなくてはならない。また、ようやく法人課税が回復してきた中で、大都市部の都府県から合意を得られなかった。

　2008年度地方税制改正案では、「地方税制については、更なる地方分権の推進とその基盤となる地方税財源の充実を図る中で、地方消費税の充実を図るとともに、併せて地方法人課税のあり方を抜本的に見直すなどにより、偏在性が小さく税収が安定的な地方税体系を構築することを基本に改革を進める。この基本方向に沿って、消費税を含む税体系の抜本的改革において、地方消費税の充実と地方法人課税のあり方の見直しを含む地方税改革の実現に取り組む」としている。

　そして、当面、「喫緊の政治課題である地域間の税源偏在の是正

に早急に対応するため、消費税を含む税体系の抜本的改革が行われるまでの間の暫定措置として、法人事業税の一部を分離し、地方法人特別税及び地方法人特別譲与税を創設することにより、偏在性の小さい地方税体系の構築を進める」こととして、あくまで暫定措置としての側面を強調している。

　法人事業税については、近年の税制改正で部分的に外形標準課税を入れることとなったが、これまでは課税標準のほとんどを所得及び清算所得によってきた。そのため、景気動向に流されやすく租税弾力性が大きいため安定性に欠け、地域的偏在度も大きいという企業所得課税の特性を大きくもっている。その結果、バブル崩壊後、三位一体改革が始まる前の1995年に比べ確かに地域格差は広がってきて今日に至っている。ただし、1987年の数値では、東京都以外の3府県も不交付団体であったこともあり、今日より格差は大きく、1995年には、景気が低迷したことにより格差が縮まっている。今日、1995年に比べれば格差は格段に大きくなっているが1987年に比べればまだ大したことはない状況といえる。

　この辺をどうみるかにより、暫定措置を続けるのか、税源交換に向かうのか、地方交付税再構築に向かうのかの方向が異なってくるといえるだろう。

2　2008（平成20）年度の地方再生対策費

　2008年度地方財政収支見通しでは、歳出合計は83.4兆円、地方一般歳出は65.7兆円と前年規模を維持しているが、これは、地方交付税の算定を通じて財政状況の厳しい地域に配分される「地方再生対策費」の創設4,000億円を計上しているためである。

　地方再生対策費は、地方税の偏在是正による財源を活用して、地方の自主的・主体的な活性化施策に必要な歳出を計上するものとされるが、偏在是正の効果が生じるまでの間は当面、臨時財政対策債の発行により財源調達されるものとなる。地方交付税の算定を通じ

て、市町村、特に財政状況の厳しい地域に重点的に配分都道府県に1,500億円、市町村に2,500億円の配分となる。人口規模のコスト差や第一次産業就業者比率、高齢者人口比率等を反映したものとなる。合併市町村については、旧市町村単位で算定した額を合算することにより合併後のまちづくり等の財源が確保される。

3 暫定措置としての地域間財政力格差是正策

2008年度の税制改正、地方税制改正では、地域間の財政力格差の縮小を目指すことになり、地方税たる法人事業税を減税し、その分を国税の地方法人特別税とし地方譲与税として配分することになった。

(1) 法人事業税（所得割及び収入割）の税率の改正

外形標準課税部分もあるので、新しい税率は多様であるが、概して税率が半分くらいとなり、結果税収も半分ほど（2兆6,000万円の減収）になる予定。普通法人の標準税率は以下の通り。平成20年10月1日以後に開始する事業年度から適用される。

(2) 地方法人特別税の創設

法人事業税の減税で減った部分を、国税である地方法人特別税で徴収することになるが、申告納付、賦課徴収は、都道府県が、法人事業税と併せて行い、都道府県は、地方法人特別税として納付された額を国に払い込むものであるため、都道府県事務としての徴収金額に変化はない。

地方法人特別税は、法人事業税（所得割又は収入割）の納税義務者に対して課する国税で、課税標準は法人事業税額（標準税率により計算した所得割額又は収入割額）である。税率は、（イ）付加価値割額、資本割額及び所得割額の合算額によって法人事業税を課税される法人の所得割額に対する税率は148％、（ロ）所得割額によって法人事業税を課税される法人の所得割額に対する税率は81％、（ハ）収入割額によって法人事業税を課税される法人の収入割額に

対する税率は81％とされる。

法人事業税改正と同様、平成20年10月1日以後に開始する事業年度からの適用となる。

(3) 地方法人特別譲与税の創設

地方法人特別税の収入額は、使途を限定しない一般財源として都道府県へ譲与する地方法人特別譲与税により配分されるが、譲与基準は2分の1を人口で、他の2分の1を従業者数であん分するものとし、平成21年度から譲与される。ただし、地方交付税算定における財源超過団体に対しては、今回の改正による減収額として算定した額が財源超過額の2分の1を超える場合、減収額の2分の1を限度として、当該超える額を譲与額に加算する。

(4) ふるさと納税の導入

また、制度として不可解ないわゆるふるさと納税については、個人住民税における寄附金税制の拡充で対応することになった。都道府県又は市区町村に対する寄附金については、適用下限額（5千円）を超える部分について、一定の限度まで所得税と合わせて全額控除されるものとし、以下の計算方法で①と②の合計額を税額控除する。
① ［地方公共団体に対する寄附金 － 5千円］×10％
② ［地方公共団体に対する寄附金 － 5千円］×[90％－0～40％]
〔所得税の限界税率〕
②の額については、個人住民税所得割の額の1割を限度、他の寄付金と合わせ総所得金額の30％を上限。

今回の財政力格差是正策について、総務大臣は、法人事業税を2兆円以上国税、譲与税化したことで、ほぼ消費税1％、税源交換と同様の効果とみており、今後、しばらく暫定措置を続けるのか、抜本的税源交換に向かうのか、地方交付税再構築に向かうのかの選択が必要となろう。

VI 自治体予算の読み方

1 自治体予算の役割と仕組み

1 国の予算と地方財政

　国の予算は、毎年、通常は、12月に、財務省原案を受け、一般会計の政府案（歳入歳出予算）を発表する。

　歳入は、租税（国税）が多くを占めており、公債（国債）がこれを補完している。かつては、歳入のほとんどすべてが租税によっていたこともあるが、時に、6割を切ることもある。

　歳出は、地方交付税交付金、国債費などを除く部分を一般歳出として、公共事業関係費や社会保障関係費などの政策的経費に充てている。国債費は、過去の国債発行の元利償還費であり、その多くは、利払い費に充てられ、地方交付税交付金は、国税の一定割合を財政調整財源としてプールしているものである。したがって、これらは国の一般会計予算には計上されているものの、当該年度、国の政策経費に充てることができないのである。

　財政年度内に、景気に変化がみられた時などは、補正予算を組んで、歳入、歳出を調整することがある。バブル崩壊後の近年は、ほとんど毎年のように総合経済対策、緊急経済対策などが実施され、これに合わせて、補正予算が組まれ、減税や国債の増発がみられている。

　第二の予算ともいわれる財政投融資とともに、国の予算は、地方

税、地方交付税、国庫支出金、地方債など、地方団体の財源に大きな影響をもっている。

2　地方の予算―普通会計

　地方自治体の予算は、その形式・性質によりいくつかの種類に分けることができる。一般会計予算、特別会計予算、公営企業会計予算、普通会計予算、公営事業会計予算、通常予算、当初予算、補正予算、暫定予算、骨格予算、肉付予算などである。

　自治体の予算も、単年度予算であり、今後1年間の財政収支を示すものであること、一般会計と特別会計、通常予算と補正予算などを置いていること、議会の議決を必要とすることという意味では、国の予算と同様である。

　ただ、地方財政の比較分析をする場合には、普通会計予算という概念を用いている。普通会計は、地方財政全体を一定の基準の下に統一的に把握するために用いられる統計上の概念であり、個々の自治体に普通会計があるというものではない。法令で特別会計の設置を義務付けられた事業以外は、どの事業を一般会計で処理するか、特別会計で処理するか、自治体裁量の範囲であるため、一般会計のみを比較することに、大きな意味はない。従って、公営事業会計を除き、一般会計と一部の特別会計を含んで、普通会計として、自治体の規模を示すものとしている。

　公営事業会計予算は、公営企業会計に自治体の経営する事業の会計（国民健康保険事業会計、競馬・競輪・宝くじ・オートレースなどにかかる収益事業会計ほか）を含めた予算の総称である。

　また、国の予算が、専ら、国会の多数と日銀の信用をバックに、税制や国債などの財源づくりが比較的容易であるのに対し、地方は、地方税や地方債など、条例では、財源確保の限界がはっきりしていることが大きな違いといえる。そして、その限界のゆえに、国の地方財政対策が必要とせざるをえなくなっているのである。

3 予算の種類——一般会計と特別会計

> 自治体の基本的歳入と歳出を経理する会計が一般会計予算である。ここでは、地方税、地方交付税、国庫支出金、地方債を財源に、教育費、土木費、民生費、衛生費などの支出を行う。

　自治体の予算は、そのすべての歳入と歳出が1つの会計に計上されることが望ましい（単一性の原則）のであるが、現代では自治体活動の多面化にしたがい、一般会計から切り離した別会計で処理する必要が生じている。

> 自治体が、特定の事業を行う場合や特定の歳入をもって特定の歳出にあて一般の歳入・歳出と区分して経理する必要がある場合に設置されるのが、特別会計である。

　特別会計は、その設置が法令（地方公営企業法第17条、地方財政法第6条、国民健康保険法第10条、老人保健法第33条など）で義務づけられているものと、自治体が条例により設置するものがある。特別会計の中で特にその経費が当該事業経営収入をもって充てられる（独立採算制）ものを、公営企業会計予算といい、これはさらに、地方公営企業法の適用を受けるもの（法適用企業）と同法の適用を受けないもの（非適用企業）とがある。

　近年、これらの特別会計が細分化・増加の傾向をみせているが、このことは、予算全体の統一的把握を困難にし、住民＝議会による統制を防げる。

　一方、特別会計は、特定の事業を一般会計から別個に経理したり、特定の財源を特定の収入源にリンクさせたりする場合設置されるものである。地方公営企業法、地方財政法、国民健康保険法、老人保健法などで義務付けられたものの他、自治体が条例で独自に置くものがある。特別会計のうち、その経費が事業収入によって調達され、

独立採算制をとるものを公営企業会計予算としている。

　上下水道や都市交通のような地方公営企業は、事業の公共性を重視するならば、料金は安い方がよいということになり、独立採算にはこだわるべきでなく税を投入すべきとの考えもあるが、経営の観点からいえば、適正な料金、適正なサービスを実施し、会計の独立性を維持すべきということになろう。しかし、より重要な観点は、その事業が住民にとって極めてスタンダードなものかどうか、生活に欠かせないものであるのか、料金が生活を圧迫する恐れがあるかどうか、などを慎重にみておくことである。

4　通常予算と補正予算

> 　予算は事前決定の原則（地方自治法第211条第1項「予算の事前議決」）にもとづき会計年度開始前に審議・議決しておく必要があるが、ここで成立した一会計年度を通ずる予算を通常予算と呼ぶ。一般的には、当初予算と呼ばれることが多い。
> 　補正予算は、会計年度開始後に生じた事由にもとづいて、既定の予算に追加その他の変更を加える予算のことである。

　自治体の予算は、国庫支出金、地方交付税などの国からの収入に大きく依存している。予算編成段階ではこれらの依存財源の見込額が不確実であるため、相当回数の補正予算が組まれるのが実態である。自治体の一会計年度の財政運営全体を見通すという観点からみても問題のあるところである。

　この他、年度開始前までに何らかの事由により予算の成立が見込めない場合、必要に応じて一会計年度のうちの一定期間にかかわる予算を作成するが、これを暫定予算という。暫定予算には、必要最小限度の経費が計上されるべきであり、それは当該年度の予算（本予算）が成立した時には、これに吸収されることになる。また、自治体の長・議員の改選が行われるなどの事情のもとで、政策関連の

経費を除き義務的経費を中心に予算の作成が行われる場合、これを骨格予算と呼ぶ。あとで政策関連の経費が組み込まれた時には肉付予算という。

2 予算の読み方

1 財政民主主義

> 予算は、形式的側面からみれば、自治体の一定期間における支出及び収入の見積もり（書）である。また、本来、近代財政が国民による国家権力への統制手段として発達してきたという視点からみれば、自治体の予算は、住民＝議会による自治体への統制手段ということができる。

このように、予算は、一面では一定期間における自治体の貨幣の取得（税金など）とその支出（各種行政サービスの提供）という貨幣の流れとして把握できる。しかし予算のもつ重要な意義は、その政治的側面でこの財政民主主義の諸原則の保障というところにある。

財政民主主義の諸原則を保障する政治制度は、近代的議会制度にその基礎をおいている。そして、国民の財政統制権ないしは予算統制権は、この近代的議会制度の発達に伴い確立・拡充されるのであるが、それはさらに、議会制民主主義のあり方に規定されている。

そこでは、租税承認権、経費支出承認権、予算議定権、決算承認権などを内容とする財政権を国民に保障する諸原則の確立が重要な課題となっていた。これらの権利を保障する原則・制度は、現代では租税法律主義、予算書あるいは決算書による議会の承認という形で法体系が確立している。

わが国においては、国の財政については、憲法第7章「財政」、財政法（予算その他財政の基本に関する規定）、会計法（歳入・歳

出などに関する技術的規定）などがあり、地方自治体の財政については、憲法第8章「地方自治」、地方自治法（とくに第9章「財務」の諸規定）、地方財政法（地方財政の運営、国と地方の財政関係に関する基本原則の規定）などにより、財政民主主義の諸原則が法制化されている。

2 予算原則

予算の主要な機能は、国民（住民）＝議会による行政権力への民主的統制にあることはすでに指摘した。その際の予算制度はどうあるべきかを提言したものが予算原則である。予算原則については、多くの学者により主張されているが、以下ではノイマルク（F. Neumark）の原則を中心に検討する。

①完全性の原則

予算の内容に関する原則で、すべての収入と支出を完全に計上しなければならないということである（総額予算主義）。すなわち、相互に関係のある収入と支出をそれぞれ控除した純額（純額主義）で計上してはならないということである。

わが国の場合、財政法第14条「歳入歳出予算」、自治体予算に関しては、地方自治法第210条「総計予算主義の原則」に規定されている。

②単一性の原則

予算の形式に関する原則で、すべての収入と支出は一つの予算に計上しなければならないということである。複数、多数の予算は財政収支全体の把握を困難にし、その結果、国民（住民）による統制機能を妨げることになる。単一性の原則に関するものとしてノン・アフェクタシオン（目的非拘束）の原則がある。これは特定の収入

が特定の支出に拘束されてはならないとする原則である。現行の予算制度は、国・自治体ともにかなりの数の予算が存在し、この点からも検討すべき課題となっている。

財政法第13条第2項、地方自治法第209条第2項の単一予算主義の原則の規定。

③明瞭性の原則

これも予算の形式に関する原則で、収入と支出の分類、それぞれの項目の内容が明瞭に理解できるよう表示されなければならないという原則である。

財政法第23条「予算の部款項の区分」、地方自治法第216条「歳入歳出予算の区分」においてそれぞれ規定されている。

④厳密性の原則

予算の準備に関する原則で、収入と支出は可能な限り正確に見積もらなければならないということである。すなわち、予算額と決算額とを一致させることは不可能にしても、その差額は可能な限り小さくしなければならないことが求められているのである。

⑤事前性の原則

予算の準備に関する原則で、予算は次の会計年度の始まる前に、議会により承認されていなければならないのである。予算は、国民（住民）の行政権力に対する統制手段であるから、事後的承認ということになれば、この統制権の機能は失われることになる。会計年度開始前の承認が困難な場合には、今日では暫定予算という措置がある。

財政法第27条「予算の国会提出」、地方自治法第211条第1項「予算の事前議決の原則」の規定がある。

⑥限定性の原則

予算の執行に関する原則で、これはさらに（1）質的限定＝費目間流用禁止、（2）量的限定＝超過支出禁止、（3）時間的限定＝会計年度独立、の3つの内容から成り立っている。

（1） 費目間流用禁止：承認された費目が行政当局により目的外に支出されたとすればそれは議会のもつ財政統制権の侵害となる。
（2） 超過支出禁止：承認された金額以上の支出を禁止するもので、その根拠は費目間流用禁止と同じである。
（3） 会計年度独立：経費の支出は承認された期間内に行われるべきであって、会計年度をまたいではならないという原則である。
会計年度は通常1年間とされるので、この原則は単年度の原則ともよばれる。

国の予算については財政法第32条「予算の目的外使用の禁止」、同法第33条「予算の移用、流用禁止」、同法第11条「会計年度」、同法第12条「会計年度の独立」、自治体の予算については、地方自治法第220条第2項「費目間流用禁止」、同法第208条および第220条第3項「会計年度独立の原則」の諸規定がある。

⑦公開制の原則

予算の編成・審議・執行・決算の全課程に関する原則である。財政民主主義の根幹をなす予算は、その全過程が国民（住民）に公開されなければならない。財政の民主的統制手段としての予算は、それが公開されることにより、その諸機能が保障されるのである。

憲法第91条「内閣の財政状況報告」、財政法第46条「財政状況の報告」、地方自治法第219条第2項「予算の報告及び公表」に公開に関する諸規定がある。

3 予算の構成

> 地方自治法第208条では、会計年度を4月1日から翌年3月31日までの一年間とし、各会計年度における歳出はその年度の歳入をもってこれに充てなければならないとしている。

そして、同法第215条においてこの予算の内容を以下のように規定している。

① 歳入歳出予算

予算の基本をなすもので、一年間の収入と支出の金額が計上されている。狭義の予算という場合、この歳入歳出予算をさす。

歳入予算は単なる見積もりに過ぎないが、歳出予算は議会の議決により拘束されている。歳入予算についてはその性質に従い、歳出予算についてはその目的に従い、それぞれ款・項に区分され、これを議決科目という。

② 継続費

その履行に数年度を要する事業については、その経費の総額及び年割額を前もって議決しておき、各年度ごとに年割額を計上するのが継続費である。単年度の原則からみてそれが濫用されないよう十分の統制が必要である。

③ 繰越明許費

歳出予算の経費のうちその性質または予算成立後の事由にもとづいて、年度内にその支出が終わる見込みのないものについて、前もって議決しておき翌年度に繰り越して使用できる経費を繰越明許費という。年限が翌年度まで、所要の財源も合わせて繰り越すという点で継続費とは異なっている。しかし、継続

費と同様単年度の原則の例外的支出方法である。

④ 債務負担行為

　自治体が歳出予算、継続費、繰越明許費に定められている場合を除いて債務を負担する行為を行うときは、予算で債務負担行為として定めておく必要がある。債務負担行為の目的は、債務だけを負うことであり、その実際の支出は翌年度以降に行われる。

⑤ 地方債

　自治体が歳入不足を補うために一会計年度を超えて行う借入れを地方債という。地方債の起債の目的、限度額、起債の方法、利率及び償還の方法は予算で定める事になっている。

⑥ 一時借入金

　地方債と同様自治体が歳入不足を補うために行う借入れであるが、当該年度内に返済されるものを一時借入金と呼ぶ。一時借入金の最高額は、予算で定めることになっている。

⑦ 歳出予算の各項の経費の流用

　すでに指摘したように、歳出予算は款・項に区分されており、これは議決科目として流用が認められていない。しかし項については、予算の執行上必要がある場合に限り、予算の定めにより流用することができることになっている。

4 予算の循環過程

> 予算は自治体の一定期間における支出及び収入の見積もり（書）であるが、各年度の予算は、編成－審議－執行－決算という過程で循環している。

① 予算の編成

　自治体の予算編成権は、その首長（知事・市町村長）にある。首長は、毎会計年度予算を作成し、年度開始前に議会の議決を経なければならない。この場合、都道府県及び政令指定都市においては30日、その他の市及び町村においては20日までとされている。

　首長は予算編成にあたり、まず編成方針を決定するが、各部局課はこの方針にもとづき財政担当部課に予算要求を行う。ついで、財政担当部課は、この予算要求について説明を受けながら査定を行い最後に首長が決定する。査定終了後、予算書を作成し議会に提出するがその際、予算に関する説明書を合わせて提出しなければならないことになっている。

② 予算の審議

　予算書が議案として議会に提出されると（予算の提案権は首長にしか認められていない）、議会はこれを審議・議決しなければならない。予算の審議は、長による提案理由説明から行われ、一般議案と同様、総括質問―委員会付託―委員会の審査結果報告―本会議における討論―議決という手続きがとられる。予算の議決については、増額修正あるいは減額修正があるが、増額修正をする場合は、長の予算提案権を侵してはならないという制限がある。

予算について議決がなされたときは、議会の議長は3日以内に長に送付する。送付を受けた長は、再議その他の措置をとる必要がない場合は自治大臣（都道府県）、あるいは知事（市町村）に報告をし、その要領を住民に公表しなければならない。

③ 予算の執行

予算が成立すると次は歳入予算・歳出予算の執行過程に入るが、予算の執行権は各自治体の長に属している。歳入予算は、単なる見積もりに過ぎず、それを構成している収入は、具体的には地方税法、関係条例により、あるいは依存財源（国庫支出金、地方交付税など）については国の予算・法律・政令によっている。これに対して歳出予算は拘束力をもち、経費の支出を行う場合は、その目的、金額、時期などについて予算又は法令の定めに従わなければならないのである。

予算の執行に関しては、自治体の長の専決処分（議会を招集する暇がない時、議会において議決すべき事件を議決しない時）、目・節（執行科目）間の流用、事故繰り越し（避けがたい事故のため年度内に支出を終わらなかったものの翌年度への繰り越し使用）、などの点は検討を要する課題といえよう。

④ 決算

一会計年度の歳入歳出予算の執行の結果を計数的にまとめたものを決算と呼ぶ。決算過程は、出納帳（都道府県）または収入役（市町村）による作成―監査委員の審査―議会の認定―自治大臣（都道府県）または知事（市町村）への報告と住民への公表、という手順をとって行われる。

決算作成の時期は、出納閉鎖（5月31日）後3か月以内（8月31日まで）に行われ、証書類その他の附属書類と合わせて首長に提出される。長は提出された決算及び前記書類を監査委員の審査に付し、監査委員の意見を付けて評議会の認定に付さな

ければならない。その際、長は当該会計年度における主要な施策の成果を説明する書類を合わせて提出しなければならないと規定されている。

議会の認定は、法的にみて決算の効力に影響はないとされているが、本来予算そのものが住民＝議会の統制手段として存在し、決算がその統括とするならば、議会の認定を単に形式的側面からみるだけでは不十分であろう。すくなくとも議会の認定を通じて首長の政治的道義的責任を明確にすることが必要であり、監査委員のあり方を含め、議会による認定の機能を強めることが必要と思われる。

3 予算の問題点

1 「増分主義」からの脱却

「増分主義」、すなわち前年度までの予算配分を前提に、上乗せ調整していく形で予算配分する方式は、長い間大きな問題として意識されてきたが、未だ十分な解決法を見出せずにいる課題の一つである。選挙を意識した政治的圧力、すなわち圧力団体や利害集団との関係、官僚組織の縦割り性がその理由としてあげられ、とくに、公共事業関係の費目で顕著な傾向がある。

予算の限度額を決めるシーリング方式は、それぞれの予算項目について一律カットを行う場合、比較的効力を発揮しているようである。個別項目への切り込み、精査が十分でないとの問題はあるが、近年は財政健全化を目指す基本的方策ともなっている。

その他、予算を一から見直す「ゼロベース予算」、予算の有効期限を切る「サンセット方式」、中長期の目標、代替的方策を明らかにした上で、費用、便益を分析する「ＰＰＢＳ」などが、これまで検討されてきたものである。

新しい試みとしては、予算作成について、ボトムアップではなく、トップダウンを進めることによって、予算にメリハリを付ける自治体もみられている。首長も含めた各部局の責任者がいわば取締役会のように、議論を戦わせ、予算獲得努力をするということである。決定までの時間は長くなる傾向にはあるようであるが、期待がもてる実験である。また、「時のアセスメント」にみられる事業内容の見直し作業は、効果を発揮し始めてきているところである。

2　計画と予算

　自治体で作られた、長期の基本構想やそれに基く中期的総合計画は、必ずしも、各年度の予算に十分に反映されているとはいえないようである。
　中期計画の内容が、事業展開の部分を中心としており、財源の裏付けが十分でなく、歳出から歳入を引いて赤字となっても要調整として残されるケース。歳出増についての財源確保、歳入減に対する歳出カット、アメリカの pay-as-you-go 原則のようには、明確に行われなかったのである。また、計画の進捗状況が、単に、目標に対する％で示されるのみで、それが住民生活にどういう影響があるのか、時代の変化とともにどう変化してきたのかについて、十分な検討がなされなかったこともある。
　絶えざる再評価を、自治体内部、外部監査、さらに住民参加を求めていくことが必要である。予算執行の妥当性と予算内容の妥当性が、様々な回路で議論されていくことが望ましい。

> **pay-as-you-go**
> 予算において、支出を増やすのであれば支出分の財源は増税により資金調達し、減税をするのであれば、減税分の財源は支出を減らすことにより対応する。単年度では均衡させる方法。

Ⅶ もはや公共部門はいらないか

1 公共部門とは

> 財政とは、公共部門の経済活動である。

　国民は、国や都道府県、市町村などの地方自治体、いわゆる公共部門について、選挙によって議員や首長を選び、彼らの政治的決定をもとに、行政サービスが提供される。近年ではさらに、公務員、委託先・関係企業、NPO、ボランティア等、様々な人々、団体とともに単なる行政サービスの範疇を超えた公共サービスが提供されるようになってきた。今日、行政サービスから公共サービスへとサービス提供の関係主体が多くなるに従い、各担い手はサービス供給に関してそれぞれ責任をもち、互いに説明責任を負う。ガバメント（政府）からガバナンス（協治）の時代に入って、公共部門およびその経済活動、お金の出し入れもより複雑さを増してきている。そこにチェックアンドバランスの必要はますます高まってくるのである。

　かつて、さかんに議論された事柄に、公共部門が出資あるいは経営する公社や地方公営企業などの公企業や第3セクター、公益企業における公共性と経営性という論点がある。公の関わり方によってその位置関係は異なってくるが、二兎を追いにくい目標であり、そのバランスのかけ方について議論されていた。独立採算か税収などからの補助を受けるか。料金設定、事業展開する地域、サービス内

容をどうするか。たとえば、営業ベースにのりにくい地域の公共交通、病院整備、上下水道などではどうするのか。

しかし、平成不況による財源不足および急速な少子高齢化の進展に伴い、公共部門の活動、経営能力への疑問が提示されるようになってきた。バブル景気の到来前後に、観光開発など本来の活動範囲を超えるものへの参入が公共部門への大きな疑問提示の端緒となったといえるし、1980年代以降のいわゆる新自由主義政策が金余りを生み出し、公も民も無謀な分野への参入を生み出したといえるだろうか。

このように、公共部門と民間部門との共同作業が多くなるにつれて、また公共部門の経営が疑問視されるようになって、公と民の境界があいまいになり、公としての意義、必然性もあいまいになりつつあるといえよう。民間でできることは民間でということは当然であり、その範囲は民間で供給すべきサービスとなるが、公共部門が採算ベースにのせることのみを追求した場合、いったい何のための公なのかということになる。

問題は、公共部門の存在意義を再検討すること、そして何を公共部門で何を民間部門で供給するかである。

2 人間生活と公共部門

人間の一生は今や75年あるいは85年にもなってきた。人は、生まれ、育てられ、教育され、通常は数十年の間、働いて収入を得て生活する。歳をとって働くのをやめた後には、いわゆる老後の生活がある。会社や団体に勤めたり経営したり、働いて収入を得るという行為。結婚、出産、子育て、教育、介護など、収入確保とは直接関わらない人間生活関連の活動。こうしたことが組み合わさって一生がある。その間、常に健康でいられる者もそう多くはないだろう。

仕事の面では、終身雇用・年功序列・企業内組合をベースとする日本的経営の崩壊、不正規労働の増加、家庭内では核家族化、働く

女性の増加に伴う専業主婦の減少、少子化および高齢者比率の増加、ここ数十年の変化は極めて大きい。かつては、人間生活関連の活動の多くを人手がある家族内で対応できた。比較的大きな企業に勤めていれば、配偶者手当、児童手当、住宅手当、退職金、企業年金など、家庭内福祉を手助けしてくれる制度もあった。時には、休みに出かけるための保養所も用意されていたかもしれない。

状況が変化するにつれて、教育や福祉の社会化への期待、公共サービスへの期待は、その範囲ではむしろ大きくなってきた。企業という傘、家族という傘、こうしたものが小さくなってきている中で、今後は公共部門という傘をどう張り替えていくのかが問題となる。

公園、公共体育館、公共図書館、公共サービス、さらに公的医療、公的年金。公であることの意味は、料金や保険負担のみで運営されていないため、利益を見込んだ商業ベースの料金設定よりも安い、多くの人が利用できる、時には無料。それでいて、それを供給する側の人々の立場も保障されるというものであった。

消費者主権は、今や雇用者主権と同義語になりつつある。雇用形態が不安定化するに従い、そして競争の激化に伴い、消費者の要望にこたえるため、雇用する側の立場は雇用される側の立場よりはるかに強くなりつつあり、消費者の要望は雇用する側の要望となる。安い商品づくり、サービス提供のために雇用の不安定化、条件の悪化などを生じるケースも出ている。消費者は働き手でもある。公共サービス従事者が公であるか、民であるかにかかわらず、働く者と消費者たる国民がいい形で関わり、よりよいサービス提供をするにはどうするかを考えていかねばならない。

3 家計収入の使い道

家計収入は、消費に回すか貯蓄するか、公的負担とするか。もし、税や社会保障負担がなかったとしても、得られた収入をすべて使えることにはならない。公的負担をしなかった分、将来のため、なん

VII もはや公共部門はいらないか

らかの形で貯蓄や自己負担を増やさねばならない。公共サービスが低下するとなればその分の新たな負担が必要となる。公共部門に警察、消防といったサービスを依存しないなら、住民は、自ら警備保障会社などと契約しなくてはならないし、公的年金や医療保険でなければ、民間の保険に加入するかもしれない。要は、貯蓄を自分で（民間で）するか、公共部門に託するかの違いである。

　平均年齢が上昇する中で、20歳前後から60歳前後まで働くとしても、その間、結婚や子育て、教育、リタイア後の生活など様々な場面に遭遇する。収入は低いが自由な部分の大きい青年期。収入が増えてもその分抱えるものも増えてくる中年期。このあたりは、何人家族か、共稼ぎか片稼ぎか、子供は公立か私立学校か、健康状況は、など様々な要因によって異なる。結婚しないという選択をする人もあるかもしれない。そして、年金中心の生活となる老年期。収入をすべて使えるわけではなく、歳をとる過程で生涯収入をバランスよく配分することになる。

　税や社会保険料の負担感が大きければ、公共部門は大きすぎる、もっと小さく、自助努力、あるいは民営化や民間委託へとの論に向かうことになる。日常、民間の商品やサービス購入の負担感が大きければ、生活費がかかる、物価が高いといった観点から公共サービスへの期待が高まることになることもある。国民それぞれの立場によっても違ってくるものであり、一般的には、国際競争にさらされ海外に工場（土地）や従業員を求めることで価格の引き下げ可能性も大きい民間部門と国内でサービス展開し、再分配機能も求められる公共部門では、後者にハンデがあるのは仕方のないところであろう。

　また、企業は、パートタイムやアルバイトを戦力として期待し、フリーターを問題としながらも利用してきた側面がある。公も含め、スリム化、リストラクチュアリングを進めると、こうした雇用形態が拡大する。フルタイムとパートタイムに単に時間の差しかないヨーロッパ諸国と異なり、社会保険加入などで大きな不利性がある。

日本ではまた、国際競争力という理由で、企業とくに大企業が所得・利益税や社会保障負担の増加を回避し、高齢社会の財源を、雇用と関わらない消費税に期待する傾向もみられる。こうした方法で日本経済が復活してくるとすれば、年金システムへの不安感が生み出され、その結果、公共部門のセーフティネットをより厚くしていかざるを得ない、再分配機能も高めていく必要が出てくることにもなる。

女性が仕事を持つことが一般的となり、ヨーロッパ諸国に比べ、長い労働時間、育児休暇などの女性雇用制度の不十分さにさらされるなら、男性を含め家庭の大人がみな疲れきった状況になる。子供にとってもいいとはいえないだろう。ヨーロッパのよいところだけを真似することはできない。ある場合は、収入や負担面などでヨーロッパ並みとなることを考えなくてはならない場面も出てくるのではないか。

結局、仕事はすべてパートタイムなのである。24時間（フルタイム）働いている人はいない。そんな人は、かつてあったドリンク剤のCMだけである。24時間を、仕事に、家事に、子育てに配分する。会社の拘束時間が少なければ、家事に、子育てに配分される時間が多くなる。そうすれば、リフォーム（日曜大工）を自分でやり、子供の教育に関わり、保育所需要も減るかもしれない。ほとんどの女性が働いている北欧では、雇用形態や育児休暇制度の整備で、０歳児保育や時間外保育の需要がそれほど多くない。労働時間が短ければ、アウトソーシングせず自分で作る、自分でやるということが可能になり、コストは削減され、家族にも子供にもやさしいことになる。だから、北欧のお父さんは家でも結構忙しい。

高齢社会で負担は大きく、労働時間が短くなるため収入は多くならないかもしれないが、現金が少なくても幸せな社会、これを目指さない限り、国が借金まみれになるか苛立ちばかりの毎日となり、少子高齢社会に明るい展望は開けないといえよう。

VIII 自治体の財政健全化制度

1 再建制度から再生制度へ

　2006（平成18）年6月、夕張市長が議会に赤字再建団体の申請をする旨の報告を行ったことで、改めて地方財政の窮状を知らされるとともに、財政再建制度や監査体制の不備が次々と浮き彫りとなった。夕張市が"破綻"に至った原因は、（平成4）年に財政再建団体の指定を受けた赤池町（現福智町）と同様に、第三セクター等への過剰な投資であった。両自治体とも旧産炭地からの再生をめざして、国の支援とともに観光事業を展開し失敗したのであるが、夕張市の場合はあまりにも借金が巨額であったことと、不適切な会計処理で隠し続けてきた借金を誰もチェックできなかったことに驚かされた。これを契機に、折りしも地方債の債務調整が議論されている中で、財政再建制度の見直しも急速に進められたのである。

　これまでの財政再建制度は、昭和29年度の赤字団体を再建するために臨時的に制定された地方財政再建特別措置法の準用規定で運用してきた。普通会計の実質赤字比率（実質収支赤字÷標準財政規模）が都道府県は5％、市町村は20％を超えると、財政再建準用団体の適用を申請するか財政再建計画を策定して自主再建するかの道を選択することになっていた。また公営企業についても、1965（昭和40）年度の赤字企業を再建するために整備され、その後は準用規定で運用してきた。

　夕張破綻で浮上した問題は、赤字比率が普通会計のみを対象としていたことである。昭和40年代から増えてきた第三セクター等の外

郭団体については、財政再建制度では赤字はカウントされずにきた。それゆえ普通会計さえ黒字を計上しておけば、借金が巨額であっても健全であるとみなされた。また破綻に至る前に未然に防ぐような制度がないことも問題であった。

夕張破綻をきっかけに、地方分権の具体的な改革案を議論するために竹中総務大臣が設置した「地方分権21世紀ビジョン懇談会」で再生型の破綻法制や貸し手側の責任を問う債務調整について議論された。そして「基本方針2006」においても、再建法制の適切な見直しが明記された。

こうしたことを受けて、総務省において「新しい地方財政再生制度研究会」が設置され、2006（平成18）年12月に報告書がまとめられた。報告書では、まず現行の再建制度の課題について、財政情報の開示がないこと、早期に是正する機能がなく結果的に住民に過大な負担を求めかねないこと、普通会計のみの赤字を指標としていること、など公営企業も含めて問題点を指摘し、透明なルールに基づく早期の是正スキームと再生スキームの2段階の新たな制度を提言し、早期に導入すべきとまとめられた。総務省はこの提言を受け、新たな再生法制の検討を進めてきた結果、2007（平成19）年6月に「地方公共団体の財政の健全化に関する法律」（以下、健全化法とする）が成立した。健全化法は平成19年度の決算から適用され、新たな再生制度がスタートすることとなった。

2 新たな再生制度

2-1 財政健全化法の概要

健全化法による再生制度が、旧法と異なる点として、①健全化において「早期健全化」と「財政再生」の2つの段階を設けたこと、②健全化の判断基準として4つの指標を導入したこと、③判断基準の指標が一定以上になると「財政健全化計画」ないしは「財政再生計画」を策定すること、④「再生振替特例債」を創設したこと、などである。また、公営企業についても、公営企業ごとの資金不足比率が経営健全化基準以上となった場合には、経営健全化計画を策定することなど、公営企業の財政再建も同じに位置づけている。

健全化の判断となる指標については、（1）**実質赤字比率**、（2）**連結実質赤字比率**、（3）**実質公債費比率**、（4）**将来負担比率**、の4つが規定された。実質赤字比率は、これまでの再建法における赤字比率とほぼ同様であるが、対象となる会計の範囲が絞り込まれている。連結実質赤字比率は、新たに導入された指標で普通会計に加え公営事業会計の全会計の赤字をカウントするフローの指標である。実質公債費比率は、地方債の事前協議制度移行にともない平成17年度決算から用いられている指標である。そして将来負担比率は、全会計に地方公社、地方独立行政法人、第三セクター等を含め一般会計の将来負担を把握するためのストックの指標である。なお、将来負担比率は「財政再生」の判断基準から除かれている。また公営企業に関しては、資金不足比率が経営健全化の指標として用いられることになる。

図表Ⅷ-1　健全化法の仕組み

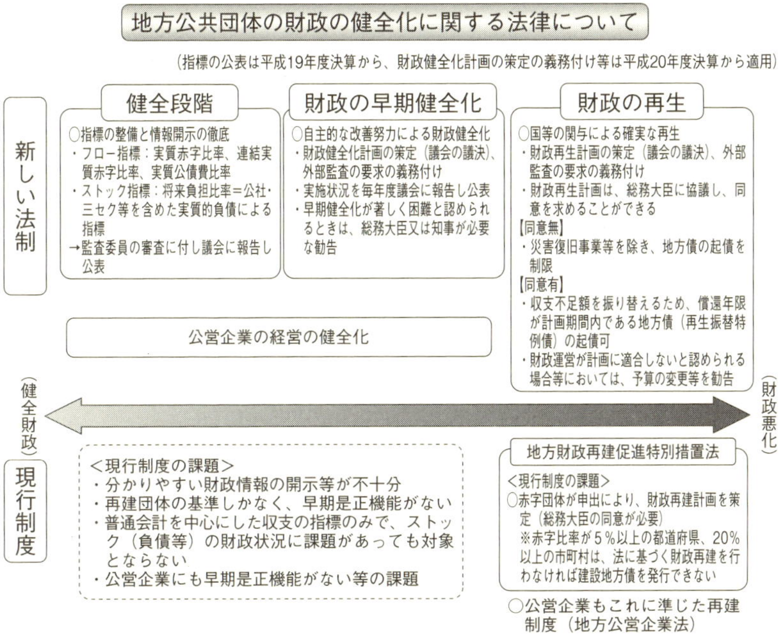

地方公共団体の財政の健全化に関する法律について

(指標の公表は平成19年度決算から、財政健全化計画の策定の義務付け等は平成20年度決算から適用)

新しい法制

【健全段階】
- 指標の整備と情報開示の徹底
- フロー指標：実質赤字比率、連結実質赤字比率、実質公債費比率
- ストック指標：将来負担比率＝公社・三セク等を含めた実質的負債による指標
- → 監査委員の審査に付し議会に報告し公表

【財政の早期健全化】
- 自主的な改善努力による財政健全化
- 財政健全化計画の策定（議会の議決）、外部監査の要求の義務付け
- 実施状況を毎年度議会に報告し公表
- 早期健全化が著しく困難と認められるときは、総務大臣又は知事が必要な勧告

【財政の再生】
- 国等の関与による確実な再生
- 財政再生計画の策定（議会の議決）、外部監査の要求の義務付け
- 財政再生計画は、総務大臣に協議し、同意を求めることができる

【同意無】
- 災害復旧事業等を除き、地方債の起債を制限

【同意有】
- 収支不足額を振り替えるため、償還年限が計画期間内である地方債（再生振替特例債）の起債可
- 財政運営が計画に適合しないと認められる場合等においては、予算の変更等を勧告

【公営企業の経営の健全化】

（健全財政 ← → 財政悪化）

現行制度

＜現行制度の課題＞
- 分かりやすい財政情報の開示等が不十分
- 再建団体の基準しかなく、早期是正機能がない
- 普通会計を中心にした収支の指標のみで、ストック（負債等）の財政状況に課題があっても対象とならない
- 公営企業にも早期是正機能がない等の課題

【地方財政再建促進特別措置法】

＜現行制度の課題＞
- 赤字団体が申出により、財政再建計画を策定（総務大臣の同意が必要）
  ※赤字比率が5％以上の都道府県、20％以上の市町村は、法に基づく財政再建を行わなければ建設地方債を発行できない
- 公営企業もこれに準じた再建制度（地方公営企業法）

出展：総務省資料

2-2　財政健全化法の運用

健全化法では4つの判断比率により、早期再建と再生を決めることになっている。4つの判断比率の算定方法をみよう。

① 実質赤字比率：一般会計等を対象とした実質赤字の標準財政規模に対する比率

$$実質赤字比率 = \frac{繰上充用額＋（支払繰延額＋事業繰越額）}{標準財政規模}$$

一般会計等＝一般会計＋公営事業会計以外の特別会計＋公営事業会計
標準財政規模＝標準税率による地方税＋地方交付税
繰上充用額＝歳入不足のため、翌年度歳入を繰り上げて充用した額
支払繰延額＝実質上歳入不足のため、支払を翌年度に繰り延べた額
事業繰越額＝実質上歳入不足のため、事業を繰り越した額

②連結実質赤字比率：全会計を対象とした実質赤字（又は資金の不足額）の標準財政規模に対する比率

$$連結実質赤字比率 = \frac{(A+B) - (C+D)}{標準財政規模}$$

A＝一般会計及び公営企業（地方公営企業法適用企業・非適用企業）以外の特別会計のうち、実質赤字を生じた会計の実質赤字の合計額
B＝公営企業の特別会計のうち、資金の不足額を生じた会計の資金の不足額の合計額
C＝一般会計及び公営企業会計以外の特別会計のうち、実質黒字を生じた会計の実質黒字の合計額
D＝公営企業の特別会計のうち、資金の剰余額を生じた会計の資金の剰余額の合計額

③実質公債費比率：一般会計等が負担する元利償還金及び準元利償還金の標準財政規模に対する比率

図表Ⅷ-2　健全化判断比率の対象

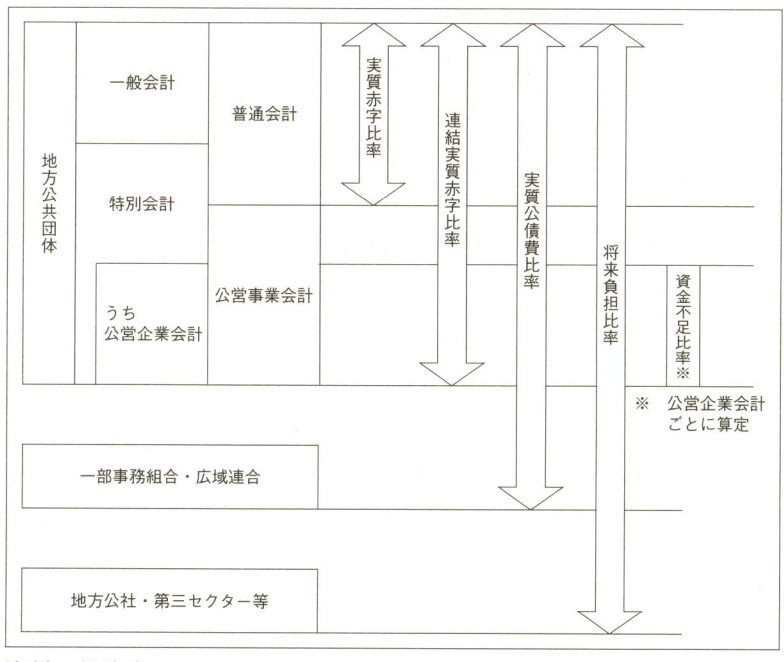

地方公共団体	一般会計	普通会計	実質赤字比率	連結実質赤字比率	実質公債費比率	将来負担比率	
	特別会計						
	うち公営企業会計	公営事業会計					資金不足比率※
一部事務組合・広域連合							
地方公社・第三セクター等							

※　公営企業会計ごとに算定

資料：総務省

$$\text{実質公債費比率} = \frac{(\text{元利償還金}+\text{準元利償還金})-(\text{特定財源}+\text{元利償還金}\cdot\text{準元利償還金に係る基準財政需要額算入額})}{\text{標準財政規模}-(\text{元利償還金}\cdot\text{準元利償還金に係る基準財政需要額算入額})} \text{の3カ年平均}$$

準元利償還金の内容
  （1）満期一括償還地方債について、償還期間を30年とする元金均等年賦償還をした場合の1年当たりの元金償還金相当額
  （2）一般会計等から一般会計等以外の特別会計への繰出金の

うち公営企業債の償還に充てたと認められるもの
（3）組合・地方開発事業団（組合等）への負担金・補助金のうち、組合等が起こした地方債の償還の財源に充てたと認められるもの
（4）債務負担行為に基づく支出のうち公債費に準ずるもの
（5）一時借入金の利子

④将来負担比率：一般会計等が将来負担すべき実質的な負債の標準財政規模に対する比率

$$将来負担比率＝\frac{将来負担額－（充当可能基金額＋特定財源見込額＋地方債現在高等に係る基準財政需要額算入見込額）}{標準財政規模－（元利償還金・準元利償還金に係る基準財政需要額算入額）}$$

将来負担額の内容
（1）一般会計等の当該年度の前年度末における地方債現在高
（2）債務負担行為に基づく支出予定額
（3）一般会計等以外の会計の地方債の元金償還に充てるための一般会計等からの繰入見込額
（4）組合等の地方債の元金償還に充てるための当該団体による負担等見込額
（5）退職手当支給予定額のうち一般会計等の負担見込額
（6）設立した一定の法人の負債の額、その者のために債務を負担している場合の当該債務の額のうち、当該法人等の財務・経営状況を勘案した一般会計等の負担見込額
（7）連結実質赤字額
（8）組合等の連結実質赤字額相当額のうち一般会計等の負担見込額

公営企業等の経営健全化については、公営企業ごとの事業規模に対す

る資金不足額比率を求める

資金不足比率：

$$資金不足比率 = \frac{資金の不足額}{事業の規模}$$

資金の不足額（法適用企業）＝
　［流動負債＋建設改良費等以外の経費の財源に充てるために起こした地方債の現在高－流動資産］－解消可能資金不足額（仮称）

資金の不足額（法非適用企業）＝
　［繰上充用額＋支払繰延・事業繰越＋建設改良費等以外の経費の財源に充てるために起こした地方債の現在高］―解消可能資金不足額（仮称）

事業の規模（法適用企業）＝営業収益の額―受託工事収益の額
　事業の規模（法非適用企業）＝営業収益に相当する収入の額－受託工事収益に相当する収入の額

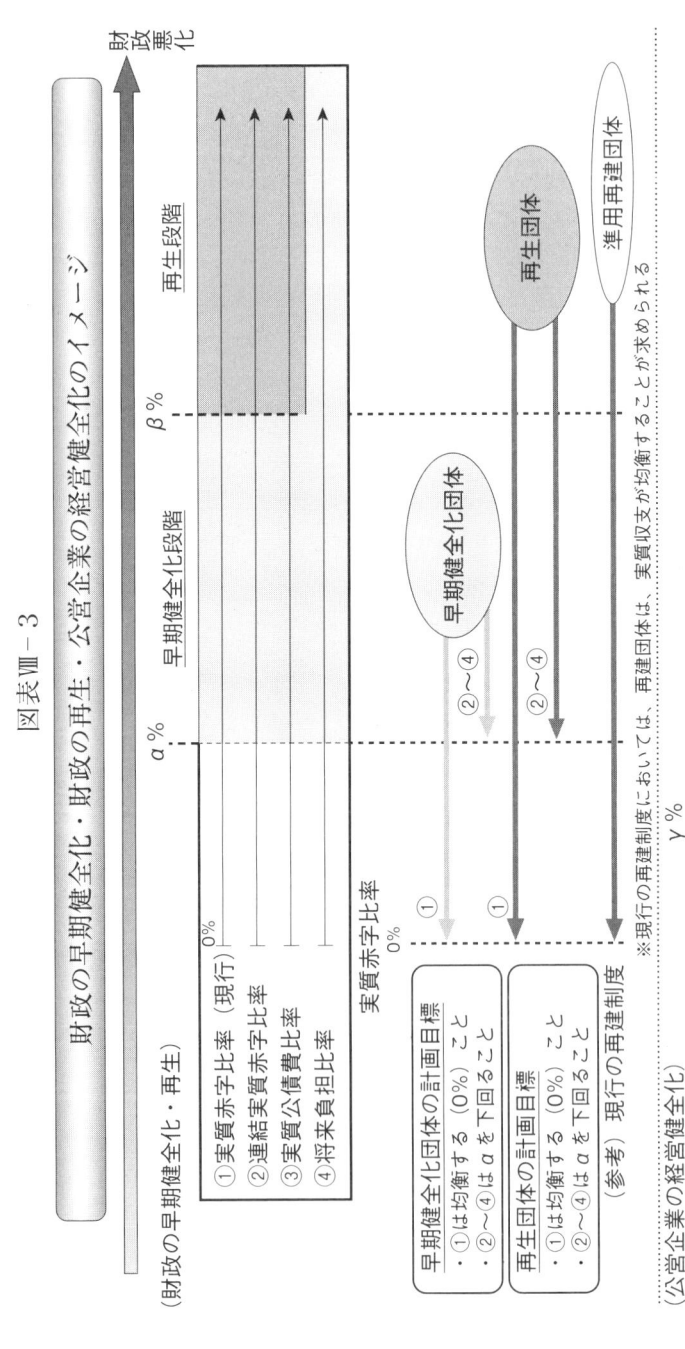

図表Ⅷ-3　財政の早期健全化・財政の再生・公営企業の経営健全化のイメージ

(財政の早期健全化・再生)

財政悪化 ↑

実質赤字比率

再生段階　β%
早期健全化段階　α%
0%

① 実質赤字比率（現行）
② 連結実質赤字比率
③ 実質公債費比率
④ 将来負担比率

早期健全化団体
　②〜④
　①

再生団体
　②〜④
　①

早期健全化団体の計画目標
・①は均衡する（0%）こと
・②〜④はαを下回ること

再生団体の計画目標
・①は均衡する（0%）こと
・②〜④はαを下回ること

(参考) 現行の再建制度
※現行の再建制度においては、再建団体は、実質収支が均衡することが求められる

(公営企業の経営健全化)

経営健全化団体
準用再建団体

γ%

⑤

⑤ 資金不足比率

公営企業
会計

計画目標
・⑤はγを下回ること

資料：総務省

図表Ⅷ-4　健全化判断比率と資金不足比率

財政の早期健全化・再生	α％：早期健全化段階	β％：再生段階
①実質赤字比率 　都道府県 　市区町村	3.75％以上 11.25〜15％以上	5％以上 20％以上
②連結実質赤字比率 　都道府県 　市町村	8.75％以上 16.25〜20％以上	15％以上 30％以上（注）
③実質公債費比率 　都道府県 　市町村	25％以上	35％以上
④将来負担比率 　都道府県・政令市 　市町村	400％以上 350％以上	なし
公営企業の経営健全化	γ％：経営健全化段階	
資金不足比率 　各公営企業	20％以上	

（注）：平成20、21年度は40％、平成22年度は35％とする。

図表Ⅷ-5

法律の施行に向けたスケジュールについて

平成19年度			平成20年度			平成21年度		
6/22	～12月	3月	4月～	秋	3月	4月	秋	3月
○	○		○	○		○	○	○
「地方公共団体の財政の健全化に関する法律」公布	(地方公共団体との意見交換) 再生基準等を内容とする政省令の整備 指標の具体的算定ルール及び早期健全化基準・財政	(平成20年度予算編成)	指標の公表に係る規定の施行 (公布後1年以内)	19年度決算に基づく指標の公表		計画策定義務等に係る規定の施行	20年度決算に基づく指標の公表	財政再生計画を策定 (平成21年度内) 計画策定義務に該当する団体は、財政健全化計画・

資料：総務省

財政分析編

I 自治体決算（決算カード）の分析

1 財政分析の目的

1-1 決算の手続き

自治体の決算とは、歳入歳出予算に計上された1会計年度の執行実績を集計表としてまとめることであり、このことを決算の調整という。

　決算の手続きは、会計年度終了の翌日4月1日から始められるが集計は5月31日までの2ヶ月間は出納整理期間として定められているため、出納整理期間が終了した翌日の6月1から決算集計が開始される。2ヶ月間の出納整理機関が設けられているのは、この期間で前年度に起因する収支は前年度の決算に算入して収支の実質的な年度帰属を可能にさせるためであり、現金主義会計の欠点を補う意味もある。決算の調整は、6月1日から3ヶ月以内（8月31日迄）に副市長等が決算書類を調製して首長に提出する。

　決算書類は、一般会計と特別会計それぞれの「歳入歳出決算書」、付属書類である「決算事項別明細書」、「実質収支に関する調書」それに「財産に関する調書」である。首長はこれらの決算書類に主要な施策の成果を説明する書類を添えて、監査委員に提出して審査を受ける。監査委員の審査に付した決算書類は、「監査委員意見書」とともに議会に提出し認定を受けて決算が終了する。なお、特別会

計のうち地方公営企業法の財務の適用があるものは、企業会計に準じた決算が行われるため、一般会計等とは手続きが異なっている。

地方自治体のまとめる決算にはもう1つある。地方自治法による会計区分は一般会計と特別会計であるが、特別会計については、設置が義務づけられている水道事業や介護保険事業など公営事業のほかにも条例で任意に設置できるため、この会計区分では地方財政全体の統一的な集計がとれない。そこで、公営企業会計と収益事業会計に該当する特別会計を公営事業会計としてまとめ、それ以外の特別会計を一般会計と合わせて普通会計として統計上の会計区分を設け、これらの会計についても決算を作成することが求められている。普通会計の決算は、「地方財政状況調査表」にまとめられ、その集計表として「決算状況」（通称は決算カード）が作成される。これらは市町村と都道府県別に集計されて、毎年度「地方財政の状況」（地方財政白書）などの統計資料として公表されている。また「決算状況」（以下、決算カードと称す）は、全自治体で普通会計について同じ基準で指数等が作成されるため、他団体との比較ができ財政分析にも用いられている。

1-2　財政分析の目的

> 地方自治体は健全な運営に努めなければならないことが地方財政法第2条に規定されている。ここで健全な運営とは、収支均衡の確保、自主性の確保、財政構造の弾力化などが要請されている。具体的には、予算の執行結果としてまとめられる決算数値について、これらを検証して財政運営とその結果の状況を明らかにするのが財政分析である。

財政分析は、通常は「決算状況」（以下では決算カードと称する）をもとに行う。決算カードは全自治体（都道府県および市区町村）に毎年度実施している「地方財政状況調査表」（以下では「調査表」

と称する)によって作成されている。以下では、市町村の決算カードをもとに財政分析を行う。

図表Ⅰ-1　自治体の決算上の会計区分と決算書類

各自治体の条例による会計区分と決算書類		事務内容		決算統計上の会計区分と提出すべき決算書類	
決算書類	会計区分			会計区分	決算書類
歳入歳出決算書、歳入歳出決算事項明細書、実質収支に関する調書、財産に関する調書	一般会計	一般行政事務		普通会計	地方財政状況調査表、決算状況
歳入歳出決算書、証書類等	特別会計	設置義務なし	公営事業以外の事業で条例で設置：市街地再開発事業、埋立事業、下水道事業、用地取得事業、母子福祉事業など	公営事業会計	決算報告書、貸借対照表、損益計算書、剰余金計算書又は欠損金計算書等（企業会計方式による決算）
決算報告書、貸借対照表、損益計算書、剰余金計算書又は欠損金計算書等（企業会計方式による決算）		設置義務あり（事業を行うとき）	公営企業	・地方公営企業法適用事業：水道、工業用水道、軌道、自動車運送、鉄道、電気、ガス、病院 ・条例による法適用：下水道、観光施設、と畜、港湾整備、市場など	
歳入歳出決算書、証書類等			・老人保健医療事業 ・国民健康保険事業 ・介護保険事業 ・公立大学付属病院事業 ・交通災害共済事業 ・農業共済事業　など ・収益事業：競馬、競輪、宝くじなど		地方財政状況調査表、決算状況

— 106 —

2 決算カードの読み方と分析

2-1 決算カードの入手

決算カードの入手は、平成13年度決算分から総務省のホームページ（総務省HP→政策・政策評価→地方行財政→普通会計決算・財政分析→決算カード）からダウンロードすることができるが、それ以前の分については各自治体の財政部局等に問い合わせて入手することになる。財政分析は単年度でも財政状況が把握できるが、過去5年から10年度分くらいあればこれまでの動向が把握できより詳細な分析が可能である。

決算カードの様式に関しては、総務省のHPで公表しているものについては同じであるが、各自治体で作成しているものは記載項目については同じであるが配置は若干異なっている。なお、地方公共団体財政健全化法による健全化判断比率等の導入にともない、平成19年度分からの決算カードの様式に関して若干異なってくる。

2-2 決算カードの読み方と分析

自治体の財政分析を決算カードを用いて行う。財政分析の手順は、決算カードに集計されている①収支状況、②歳入の状況、③市町村税の状況、④性質別歳出の状況、⑤目的別歳出の状況、⑥指数等、の区分ごとに主要な項目を解説しながら分析のポイントを述べる。

① 収支状況

収支状況の分析では、適正な収支の均衡が確保されているか、年度の決算収支はどうであったかなどを調べる。決算収支は公会計が現金主義会計であるので、現金のみの収入・支出である。収入は年度で括ると歳入、支出は歳出となる。また現金収支と実際に収支が帰属する年度が異なる場合もあるので、その分は繰越等の会計処理を行う。

歳入総額・歳出総額：当該会計年度の4月1日から翌年3月31日までの現金収支と、出納整理期間（翌年度の4月1日から5月31日）で前年度に帰属する現金収支の総額である。財政規模を表す場合には歳出総額をみる。

歳入歳出差引（形式収支）：歳入総額から歳出総額を控除した額である。差引額が黒字であれば、剰余金が発生しているので条例で定めるほかは翌年度に繰越す。また仮に形式収支が赤字となることが明らかな場合には、特例的な措置として次年度の歳入を当該年度に繰入れる「繰上充用」が認められており赤字決算を回避する。

実質収支：形式収支から「翌年度に繰越すべき財源」を控除した額である。翌年度に繰越すべき財源とは、継続費逓次繰越額、繰越明許費繰越額および事故繰越繰越額のことで、これらは当該年度の歳出予算に計上しながら年度内に支出せず翌年度以降の支出とするために繰越経理をする分である。決算統計上は上記のほか事業繰越額と支払繰延額がある。形式収支は現金のみの収支であるため、歳出予算として計上しても実際に支払が行われなければ歳出決算には計上できないためこのような手続きが必要となる。実質収支は純余剰・純赤字を意味し、自治体の実質的な収支状況を表す。

単年度収支：当年度の実質収支から前年度の実質収支を控除した額である。単年度収支が黒字であるときは、前年度収支も黒字であったときは剰余金の増加であり前年度収支が赤字であったときは解消したことを意味する。また単年度収支が赤字であるときは、前年度

収支が黒字であったときは過去の剰余金を食いつぶしたのであり、前年度収支が赤字であったときは赤字がさらに増加したことを意味する。単年度収支が3年以上にわたって赤字である場合は危機的状況のシグナルである。早急に改善策を講じる必要がある。

実質単年度収支：単年度収支＋財政調整基金積立額＋地方債繰上償還額－財政調整基金取崩額により求めた額である。これは単年度収支に実質的な赤字および黒字要因を加えたものである。

> 収支状況の分析ポイント：
> 　自治体の収支は民間と異なり黒字を計上する必要はないが、少なくとも収支均衡は確保されていることが必要である。経験的に実質収支を標準財政規模で除して求める実質収支比率が3～5％程度であることが望ましいとされる。
> 　なお、実質収支が赤字のとき、標準財政規模で除した実質赤字比率が a ％を超えると財政健全化計画、$β$ ％を超えると財政再生計画の策定がそれぞれ義務づけられる。(a、$β$ は101頁参照)

図表 I-2　収支の構成

普通会計

歳入総額	歳出総額			
	形式収支	翌年度繰越すべき財源	（＝継続費、繰越費等の分）	
		実質収支	前年度繰越	
			単年度収支	

② 歳入の状況

　ここでは、歳入の構成状況から使途の自由な一般財源や自らの権限で調達できる自主財源などの状況をみる。決算カードの歳入欄には、決算額とそのうち使途の自由な財源を経常一般財源等として再掲している。歳入は経常一般財源（地方税、地方譲与税の一部、地方交付税、各種交付金の一部など）と経常特定財源（国庫支出金のうち義務教育費や生活保護費国庫負担金等、都道府県支出金の一部など）、臨時一般財源（使用料・手数料の一部、繰入金のうち基金取崩、地方債のうち赤字地方債など）と臨時的特定財源（法定外普通税、特別交付金、国庫支出金、都道府県支出金など）に分けられる。財政運営上は、使途の自由な経常的一般財源の割合が多いほど自主的な運営が可能となる。

地方税：地方税には、地方税法に基づき条例の定めにより賦課徴収する法定税と地方税法に定めがなく条例によって賦課徴収する法定外税がある。またそれぞれ使徒の定めがない普通税と使途が定められている目的税がある。市町村の法定普通税は市町村民税、固定資産税、軽自動車税、鉱区税等があり、法定目的税は入湯税、事業所税、都市計画税等がある。法定外税の普通税は別荘等所有税（熱海市）や砂利採取税（山北町、中井町）、目的税は使用済核燃料税（柏崎市）や遊魚税（富士河口湖町）などがあり、国との協議によって創設できる。

地方譲与税：本来は地方の財源であるが徴税の便宜上、国が徴収したものを一定の基準で地方に譲与する税で使途が特定されていて（特別とん譲与税を除く）、次の5つがある。

　①地方道路譲与税、②石油ガス譲与税、③自動車重量譲与税、④特別とん譲与税、⑤航空機燃料譲与税。なお税源移譲の実施に至る平成16～18年度まで所得譲与税があった。また地方税の偏在是正のための法人事業税の一部を地方法人特別税として国税化しその税源

を人口と従業者数であん分して都道府県に譲与する地方法人特別譲与税が平成20年度に創設される。

各種交付金：交付金とは、国ないし都道府県が徴収した税の一部を人口や就業者数等の基準で地方に交付する財源である。現在、交付金には、①利子割交付金、②配当割交付金、③株式等譲渡割交付金、④地方消費税交付金、⑤ゴルフ場利用税交付金、⑥自動車取得税交付金、⑦軽油引取税交付金、⑧国有資産等所在市町村交付金、⑨国有提供施設等所在市町村助成交付金、がある。

地方交付税：標準的な行政サービスを提供するために必要な経費を一定の基準で見積もり、その経費を地方税等の自主的な財源で賄えない不足分を地方交付税として国から交付される使途自由な一般財源である。地方交付税は普通交付税と特別交付税にわけられ、前者は事前に見積もった基準財政需要額（＝測定単位（人口や面積等）×補正係数（態様や寒冷等）×単位費用（単価：円））から基準財政収入額（標準税率で徴収しうる普通税および各種交付金の75％相当と地方譲与税）を控除した額がプラスであれば不足額として交付され、後者は災害等の特別の財政需要がある場合に交付される。

なお、地方交付税改革として平成19年度から基準財政需要額の算定方法が一部簡素化されて新型交付税として改正された。

＊新型交付税の基準財政需要額算定方法
　　基準財政需要額　$ax + by$　$a =$人口、$b =$面積
　　$x : y$　＝都道府県 6 : 4、市町村　10 : 1

〔**一般財源計**〕：決算カードでは以上の地方税・地方譲与税・各種交付金・地方特例交付金・地方交付税が一般財源計として集計される。

交通安全対策交付金：道路交通法第128条第1項の規定により納付される反則金から事故件数などを基準に交付される特定財源である。使途は交通施設の整備事業に限られている。

分担金・負担金：分担金は特定の事業に要する経費に充てるために事業により利益を受ける者から徴収する金銭である。負担金は主と

して国・地方自治体相互の経費負担関係に用いられる用語であり、いずれも特定財源である。

使用料・手数料：使用料は行政財産（公民館、学校、住宅等）を特定の者に利用させることで徴収する金銭である、手数料は特定の者にする役務（証明書の発行、許可証の交付、公簿の閲覧等）の対価として徴収する金銭であり、いずれも使途は自由であるため実際には一般財源である。

国庫支出金：国から事務の財源の全部または一部に充てるため交付される補助金で使途が決められた特定財源である。国庫支出金には、負担金（法令に基づく事務で国と地方の双方が負担の義務を負うもの）、委託金（専ら国の事務で国が全額負担の義務を負うもの）、補助金（国の奨励的事務または財政援助のためのもの）がある。なお負担金と補助金は明確には区分されていない。

都道府県支出金：都道府県から市町村に特定の事務に要する経費の財源として交付される補助金で使途が決められた特定財源である。国庫支出金と同様に負担金、委託金、補助金がある。

財産収入：公有財産のうち行政財産を除いた財産の貸付、出資、交換または売却等により生じた収入である。具体的には有価証券の配当や売却、基金運用利息等の収入、不要建物の売却などで使途は自由なため一般財源である。

繰入金：一般会計や特別会計、基金など相互に資金運用することから移される場合に繰入れられる資金が繰入金となる。

繰越金：決算上剰余金が生じた場合に翌年度へ繰越す分である。剰余金が生じるのは決算で予算を超えた歳入ないし予算に満たなかった歳出があった場合であるが、後者では継続費や繰越明許費等の翌年度以降の繰越分が含まれることもあるので純額の繰越金はこれらを控除して求める。

諸収入：収入のうちいずれの予算科目にも該当しないものはすべて諸収入に計上される。延滞金、科料、加算金、違約金などの収入である。

地方債：地方財政法第5条による適債事業（公営企業、出資・貸付、借換、災害復旧、建設事業）の地方債のほか、赤字地方債（臨時財政対策債等）も計上される。地方債の発行については、平成18年度よりそれまでの許可制から協議制（総務大臣等の同意、同意なきは議会へ報告）になり、原則として起債自由となった。

〔**自主財源と依存財源**〕：自らの権能で徴収しうるか否かの区分で、地方税、手数料・使用料、財産収入等が自主財源、他の意思決定により交付される地方交付税、地方譲与税、国・県支出金、地方債等は依存財源である。

〔**一般財源と特定財源**〕：使途の拘束性による区分で、地方税、地方譲与税、地方交付税等が使途の自由な一般財源で、国県支出金、地方債などが使途の決められた特定財源である。

> 歳入の分析ポイント
> 使途が自由な財源が多いほど自主的な財政運営が可能となるため、自主財源ないしは一般財源の比率が高いほど自主性が確保されていると判断できる。自主財源である地方税収の割合は地方財政全体ではおおよそ4割であるので、全体では4割自治が確保されているということになる。なお、地方分権改革（三位一体改革など）で税源移譲が行われる一方で地方交付税が削減されてきたため、財政力の弱い自治体では一般財源の割合は減少し厳しい財政運営が強いられている。

③ 市町村税の状況

市町村税の税目について内容を検討する。決算カードの市町村税の欄には徴収済額とそのうち超過課税により徴収した額が記載されている。地方税は地方分権一括法で課税自主権が広がり裁量的に課税できるようになり、また平成19年度から住民税は10％（都道府県４％、市町村６％）の比例税となるなど地方税制も分権化されてきた。また地方税は徴税事務が重要であるから決算カードに記載されている徴収率もあわせて見ておく必要がある。

市町村民税：個人に対して均等割と所得割、法人に対して法人均等割と法人税割が課税され、市町村民税は道府県民税と合わせて一般に住民税と呼ばれ、個人の均等割の税率は市町村が3,000円、道府県が1,000円である。また所得割は所得額を課税標準とし税率は平成18年度までは市町村が３％、８％、10％、道府県が２％、３％であったが、平成19年度からは所得税からの税源移譲により所得割の税率は一律に市町村６％、道府県４％の合計10％となった。

固定資産税：土地、家屋、償却資産（事業に供される土地・家屋以外の資産）を課税対象とする財産税である。課税標準は固定資産台帳に登録された価格で適正な時価である。固定資産台帳は固定資産評価基準により土地と家屋については３年ごとに評価替が行われる。税率は標準税率が1.4％であるが条例で引上げが可能である。また土地の評価額は地域により偏りが大きいため均衡化を図るための負担調整制度がある。

軽自動車税：原動機付自転車、軽自動車、小型特殊自動車及び二輪の小型自動車の所有者に対して主として定置場所在の市町村が課税する財産税である。税率は車種、排気量、使用目的等により異なる。

市町村たばこ税：たばこの製造、販売業者に対して売渡しもしくは消費等にかかる製造たばこの本数に課税される。税率は1,000本当り2,977円（平成18年度）であり、たばこ税は税収は少ないものの

安定的な税源であるが、健康志向で消費は年々減少し税収も伸び悩んでいる。

事業所税：都市環境の整備及び改善のために指定都市等（指定都市、首都圏整備法、近畿圏整備法に規定する既成市街地又は既成市外区域を有する市町村、人口30万人以上で政令で指定する市）で事業所として家屋を有している個人及び法人に対して課税する財産税であり目的税である。税率は資産割が事業所床面積1平方メートル当り600円、従業者割が従業員給与総額の100分の0.25である。事業所税は都市集中のコストを賄うため昭和50年から施行されているが、地方分権の観点からは人口要件を緩和して小都市も指定都市等にすべきとの意見がある。

都市計画税：都市計画事業又は土地区画整理事業のために、市町村が都市計画区域内に土地又は家屋を所有する者に対して課税する目的税である。課税標準は固定資産税と同じであり、税率は0.3％の制限税率が設定されている。

市町村税の分析ポイント

　税源移譲で地方税収が増え、また地方分権一括法で法定外税の制定や法定税の税率変更が可能となり、より自主的な地方税の運用が可能となった。しかし、地方税収が増えれば徴収率が重要となる。3兆円の税源移譲があっても徴収率が98％であれば600億円はロスしてしまう。税の公平からも徴収率と不納欠損をチェックする必要がある。

---

④　性質別歳出の状況

支出を経済的な性質別に分けて集計したのが性質別歳出である。質別歳出の欄には、決算額とそのうち一般財源等で充当した充当一般財源とさらに経常経費に充当した一般財源等が示される。

人件費：職員の給与や議員の歳費などすべての給与等（事業費支弁の職員給与を除く）に加えて、退職金、地方公務員共済年金負担金、職員互助会補助金なども含めたものである。なお、ゴミ収集や保育サービスの外部委託が進むにつれて人件費は削減されるが、委託先に支払う委託料は物件費に計上される。したがって自治体が負担する人件費は、物件費のうちの委託料も間接的には人件費が含まれている。

扶助費：生活保護、児童福祉、老人福祉、身障者福祉に関する給付額でいずれも法令で支出が義務づけられている。扶助費は平成12年に介護保険が導入されたため一時的に減少したが、高齢比率の増加と生活保護世帯の急増で大きく膨れている。最近では人件費を上回る自治体も多い。

公債費：地方債の元利償還金、都道府県からの貸付金の返還金・利子、一時借入金の利子の額である。

〔**義務的経費**〕：人件費・扶助費・公債費の合計額であり、これらは法令により支出が義務づけられているなど容易に削減できないという意味で義務的経費と呼んでいる。

物件費：人件費以外の賃金、旅費、交際費、備品購入費、委託料等である。民間委託が進むと委託料とし支出されるため、物件費のウェートが膨れてくる。

維持補修費：庁舎・小中学校・その他公共施設の維持管理費である。ただし施設等の改良で機能が改善するものは普通建設事業費に計上される。

補助費等：公営事業への補助、一部事務組合への負担金、各種団体等への補助金などの経費である。

積立金：財政調整基金、減債基金、その他特定目的基金が計上される。

投資・出資・貸付金：債権、株式の取得、法適用公営事業会計に対する出資金、公社・公団、地方開発事業団、地方公営企業に対する貸付金が計上される。

繰出金：地方公営企業法の適用のない（法非適）への繰出分（運転資金、事務費、建設費、公債費財源、赤字補てん財源のための繰り出し）が計上される。地方公営企業法の適用のある（法適）繰出分（負担金、補助金、出資金、貸付金）はここには計上しない。

前年度繰上充用：前年度の歳入が歳出に不足する場合、今年度の歳入を繰り上げて前年度の歳入に充てた額が計上される。繰上充用は赤字決算を避けるための非常手段である。

投資的経費：投資的経費には普通建設事業費、災害復旧事業費、失業対策事業費が計上される。

普通建設事業費：国庫補助事業として庁舎建設等総務費、保育所建設等民生費、ゴミ処理施設等衛生費、農林水産業費、商工費、道路・河川・橋・都市計画（街路・区画整理・公園）、学校建設等教育費がある。地方単独事業としても同様なものがある。その他県営事業負担金、国直轄事業負担金がある。

災害復旧事業費：国庫補助事業と地方単独事業がある。財政難といっても災害復旧事業費の削減は難しい。

失業対策事業費：雇用対策として支出される。

> 性質別歳出の分析ポイント
> 義務的経費は歳出を硬直化するためできるだけ抑えることが求められているが、少子高齢化や所得格差の拡大で扶助費の増加は避けられない。また自前で保育サービスを提供すれば人件費の削減は難しい。こうした状況を勘案しながら、経常収支比率に占める人件費の割合をみることが必要である。
> 物件費は施設の維持管理等を民間委託すれば膨れる民間委託が必ずしも良いとは限らない。委託料等の適正性をつねに検討することがここでは重要である。
> 一般会計から特別会計や一部事務組合への補助金や分担金等が適正であるか、また公営事業の経営状況もチェックしておく必要がある。

⑤ 目的別歳出の状況

> 目的別経費は行政機構に応じた区分で行政事務配分の割合としてみることができ、政策の結果として捉えることもできる。

議会費：議会活動に要する経費で、議員の報酬や政務調査費、委員会の運営費、公聴会の実費支弁等の経費である。
総務費：総務管理費（本庁舎、公会堂、市民会館などの維持管理・建設費）、徴税費、戸籍、住民基本台帳費、選挙費、統計調査費、監査委員費が計上される。
民生費：社会福祉費、老人福祉費、児童福祉費、生活保護費、災害援助費が計上される。
衛生費：保健衛生費、結核対策費、保健所費、清掃費（ごみ収集、運搬施設費など）が計上される清掃費、保健所費、保健衛生費などである。
労働費：失業対策費、労働諸費（雇用促進等の経費）が計上される。
農林水産業費：農業費、畜産業費、農地費（土地改良費、土壌改良

費、農業集落排水事業・簡易排水事業会計への繰出金など)、林業費(造林、林道整備など)、水産業費(漁港建設費、漁港施設維持管理費)が計上される。農地費は土地改良、林業費は林道整備、水産業費は漁港建設など土木事業が中心となっている。

商工費：工業団地造成費、消費者行政・中小企業関係経費、観光施設建設事業費が計上される。

土木費：土木管理費、道路橋梁費(道路・橋梁の建設・改良・維持管理費など)、河川費(河川・ダムの維持管理費、河川の改修・護岸・堤防費)、港湾費(特定重要港湾・重要港湾・地方港湾の建設・改良・維持管理費)、都市計画費(街路費、公共下水道費、都市下水道費、区画整理費など)、住宅費(住宅建設費・用地取得費・管理費など)、空港費(空港の維持・修繕負担金)が計上される。

教育費：小中学校の校舎建設・教員給与、社会教育費、幼稚園費などである。

災害復旧費：農林水産施設災害復旧費、公共土木施設災害復旧費、その他が計上される。

公債費：地方債の元利償還金費、都道府県からの貸付金の元利償還費、一時借入金利子が計上される。

諸支出金：普通財産取得費(直接の事業目的を有しない普通財産の取得に要する経費)、公営企業費(交通・ガス・電気事業、収益事業への繰り出し金・貸付金)が計上される。

前年度繰上充用金：「性質別歳出の状況」の前年度繰上充用金の額と一致する。

特別区財政調整交付金：東京都と23区の財政調整の交付金である。地方交付税では都と23区は合算されている。

> 目的別歳出の分析ポイント：
> 行政目的別の区分であるため、どの行政サービスにどれだけ支出が行われたかをみることができる。福祉関係では民生費、ゴミ収集等の経費は衛生費、道路等のインフラ整備は土木費、小中学校等の教育費など。なお人件費を含め事務管理等は総務費であり、行革では削減が求められる経費である。
> 目的別歳出は人件費や消耗品費等の経常的経費と施設建設等の投資的経費が合算して計上されているため経費分析ができない。そこで「調査表」の表番号09～13を入手すると性質別経費と目的別経費がクロスされて集計されているので詳細な分析が可能である。

⑥ 指数等の状況

> ここの指数等には、財政分析では重要な決算データが記載されている。ただし、あくまで決算カードの分析であって必ずしも実態を映した指標ではないことに留意しておく必要がある。

基準財政需要額：自治体に義務づけられた経費について合理的で妥当な水準での行政活動を行うために必要な財政需要を各行政項目ごとに算定して求めた額である。現行の算定方法は、市町村では消防や小中学校、道路整備などの行政サービスについて人口や面積などを測定単位とし、これに自治体の地勢や気候、人口等の差異を補正係数により割増・割落して調整して、人口10万人都市を基準にした平均の単価費用を乗じて求める。

基準財政収入額：標準税率で徴収しうる地方税、各種交付金および地方譲与税の合計額で求める普通交付税の算定基準である。
（普通税＋利子割交付金＋消費譲与税）×75％＋（地方譲与税－消費譲与税）で算定される額である。75％の分を基準税率、残りの25％の分を留保財源率と呼んでいる。留保財源を設けるのは、税収

を増やしたとき留保財源がなければ増加分が全額交付税の減となるので徴税努力へのインセンティブをもたせているからである。

標準税収入額：(基準財政収入額－地方譲与税)×75／100＋地方譲与税で求める額である。

標準財政規模：標準税収入額に普通交付税の額を加えた額である。一般財源の標準規模を表している。実質収支比率、経常一般財源比率などの分母となる。

財政力指数：基準財政収入額を基準財政需要額で割った値の過去3年間の平均値である。この値が1未満であれば需要額に収入額が足らないので普通交付税が交付され、1以上であれば収入超過であるから不交付となる。

　不交付団体は富裕団体とも呼ばれるが財政力指数はあくまで基準財政需要額と基準財政収入額をもとに算定された結果であって、実際の財源不足・富裕を表すものではない。財政運営の1つの目安として捉えるべき指標である。

経常収支比率：経常一般財源に対する経常経費充当一般財源の割合である。すなわち地方税や普通交付税など経常的に収入される財源のうち、人件費や公債費などの経常的に支出される経費に充当される割合で財政構造の弾力税を判断するものである。この比率が高くなるほど硬直化し100％を超えると借入などの臨時財源に頼らなければ経常的経費を賄えなくなることを意味する。

$$経常収支比率 = \frac{人件費、扶助費、公債費等に充当した一般財源}{経常一般財源(地方税＋普通交付税等)＋減税補てん債＋臨時財政対策債} \times 100$$

実質公債費比率：平成18年度より地方債の発行が許可制から協議制になり導入された指標で、平成17年度決算から表示されている。地方税、普通交付税のように使途が特定されず毎年度経常的に収入される財源のうち、公債費に加えて公営企業債に対する操出金など公

債費に準ずるものを含めた実質的な公債費相当額（普通交付税が措置されるものを除く）に充当されたものの占める割合の前３年度の平均値である。協議制の下であってもこの比率が18％以上であれば地方債の発行に際し許可（総務大臣または都道府県知事）が必要となる。さらに、25％以上の団体は地域活性化事業等の単独事業に係る地方債が制限され、35％以上の団体はこれらに加えて一部の一般公共事業債等についても制限されることとなる。

$$実質公債費比率 = \frac{(A+B)-(C+D)}{E+F-D}$$

A：地方債の元利償還金（公営企業分、繰上償還等を除く）
B：地方債の元利償還金に準ずるもの
C：元利償還金又は準元利償還金に充てられる特定財源
D：地方債に係る元利償還に要する経費として普通交付税の額の算定に用いる基準財政需要額に算入された額（「歳入公債費の額」）及び準元利償還金に要する経費として普通交付税の額の算定に用いる基準財政需要額に算入された額（「算入準公債費の額」）
E：標準財政規模（「標準的な規模の収入の額」）
F：臨時財政対策債発行可能額

＊実質公債費比率の算定において除かれる元利償還金（上記A関連）
 1) 公営企業債の元利償還金
 2) 繰上償還を行ったもの
 3) 借換債を財源として償還を行ったもの
 4) 満期一括償還方式の地方債の元金償還金
 5) 利子支払金のうち減債基金の運用利子等を財源とするもの

＊「準元利償還金」（上記B関連）
 1) 満期一括償還方式の地方債の１年当たり元金償還金相当額
 2) 公営企業債の元利償還金に対する一般会計からの繰出金

3）一部事務組合等が起こした地方債の元利償還金に対する負担金・補助金
　　4）債務負担行為に基づく支出のうち公債費に準ずるもの（PFI事業に係る委託料、国営事業負担金、利子補給など）
＊起債制限比率との相違点
　1）実質的な公債費を算定対象に追加
　　・公営企業債の元利償還金への一般会計からの繰出しを算入
　　・PFIや地方公共団体の組合の公債費への負担金等の公債費類似経費を原則算入
　2）満期一括償還方式の地方債に係るルールの統一
　　・減債基金積立額を統一ルールで実質公債費比率に算入
　　・減債基金積立不足額がある場合は、実質公債費比率に反映
＊地方債許可制限比率（起債制限比率）：公債費比率の計算から事業費補正分を除いた数値で地方債の許可制限についての指標である。20％～30％になると一般単独事業債、厚生福祉施設整備事業債、30％以上になると一般事業債が許可されなかった。
＊公債費比率：公債費（地方債の元金と利子の償還）の一般財源に占める割合で公債費に対する財政負担の程度の指標でした。目安としては経験的に10％を超えないことが望ましいとされた。
＊公債費負担比率：公債費に充当された一般財源の一般財源総額に対する割合で、公債費に充当する一般財源の額をできるだけ増加ささせないための指標であった。経験的に15％が警戒ライン、20％以上が危険ラインとされた。

積立金現在高：財政調整基金、減債基金、特定目的基金の合計額。財政調性基金は年度間の財政の不均衡を是正するための積立金で、財政に余裕のある時に不時の支出や収入減に備えて積み立てる基金である。減債基金は公債費の償還を計画的に行うために積み立てる基金である。

　特定目的基金は新庁舎建設など特定の目的のために積み立てる基金である。財政調整基金以外はこれは設置目的のためでなければ取

り崩すことはできない。積立金残高比率は「積立金残高」を「標準財政規模」で割ったものである。
地方債現在高：過去に発行した地方債の累積額をいい地方債残高ともいう。
債務負担行為額：翌年度以降に行う債務負担の限度額を予め予算の内容として決定しておくもので、土地などの物件購入、債務保証・損失補償、利子補給などがある。
収益事業収入：競馬、競輪、競艇、宝くじなど収益金が計上される。最近は景気低迷によりこれら収益事業収入は激減しており、これらの事業廃止も問題になっている。
土地開発基金現在高：土地開発基金の現金・預金、貸付金の残高が計上される。
徴収率：それぞれの税について「収入済額」を「調定済額」で割った徴収率が計上される。ここで調定とは、法令等の規定に基づき徴収すべき歳入内容を調査し収入金額を決定する行為である。

指数等の分析ポイント：
指数は自治体財政の特徴を示す重要な数値である。財政力指数は税収力の大きさ、経常収支比率は財政構造の弾力性、地方債に関する指数は元利償還返済の程度である。最近の制度改革や財政措置等により指数は大きく変動している。たえず注視することが求められる。
経常収支比率は経験的に市町村75％、都道府県80％程度が妥当であるとされてきたが最近では多くが90％を超えている。なお国の減税分を臨時財政対策債等の赤字地方債で補填してきたためこの分を分母に加えて比率を計算しているので赤字で低く表されていることに留意する必要がある。
また地方債の返済については実質公債費比率が18％を超えると許可制となり、さらにそれを超えると健全化法により改善計画等の作成が義務づけられる。

3　類似団体との比較分析

3-1　類似団体の区分と分析

> 自治体の財政分析は、当該自治体の決算状況について規模や収支状況、構造、指数等について過去からの時系列や単年度のクロス分析などをつうじて解明するのであるが、人口と産業構造を同じくする他の自治体と比較検討するのが類似団体分析である。

　ここで類似団体とは、都道府県については東京都を除いて財政力指数で4グループに分け、市区町村については政令指定都市、特別区、中核市、特例市はそれぞれ1区分とし、他の市町村は人口規模（人口数）と産業構造（第Ⅰ、Ⅱ、Ⅲ次の就業人口割合）で都市は16類型、町村は15類型に分けられている。なお、平成16年度決算までは都市42類型、町村45類型であったが、平成の市町村合併で市町村数が減少したため類型の見直しが行われ平成17年度決算分から下記の区分となった。

　　　　　　図表Ⅰ-2　類似団体の類型
・市町村の類型
　　・大都市（1類型）選定団体数10団体（該当団体数14団体）
　　・特別区（1類型）選定団体数23団体（該当団体数23団体）
　　・中核市（1類型）選定団体数32団体（該当団体数37団体）
　　・特例市（1類型）選定団体数37団体（該当団体数39団体）

　類似団体の分析は、類型ごとに集計された決算データと比較して分析する。類似団体の決算データは、毎年度刊行されている『市町村類似団体指数表』（地方財務協会）で見ることができるが、平成

17年度分については総務省HPに「類似団体別市町村財政指数表」として掲載されている。

類似団体の分析では、決算カードの歳入・歳出総額、財政指数、収入の状況、性質別経費の状況などについて類団ごとにまとめられているので、当該団体と類似団体の値を比較しながら分析する。なお、類団の数値はあくまで類似団体の平均値であってあるべき目標ではないことに留意する必要がある。

図表Ⅰ-3

都市

		Ⅱ次、Ⅲ次95%以上		Ⅱ次、Ⅲ次95%未満		計
		Ⅲ次65%以上	Ⅲ次65%未満	Ⅲ次55%以上	Ⅲ次55%未満	
		3	2	1	0	
50,000人未満	Ⅰ	2 (4)	18 (27)	37 (93)	52 (113)	109 (237)
50,000~100,000	Ⅱ	39 (45)	49 (66)	59 (78)	49 (89)	196 (278)
100,000~150,000	Ⅲ	33 (35)	22 (25)	16 (26)	13 (18)	84 (104)
150,000人以上	Ⅳ	27 (29)	13 (13)	18 (22)	4 (4)	62 (68)
計		101 (113)	102 (131)	130 (219)	118 (224)	451 (687)

町村

		Ⅱ次、Ⅲ次80%以上		Ⅱ次、Ⅲ次80%未満	計
		Ⅲ次55%以上	Ⅲ次55%未満		
		2	1	0	
5,000人未満	Ⅰ	28 (43)	35 (54)	85 (121)	148 (218)
5,000~10,000	Ⅱ	42 (62)	59 (80)	92 (128)	193 (270)
10,000~15,000	Ⅲ	39 (53)	54 (77)	35 (57)	128 (187)
15,000~20,000	Ⅳ	38 (49)	35 (50)	23 (37)	96 (136)
20,000人以上	Ⅴ	99 (132)	53 (74)	13 (27)	165 (233)
計		246 (339)	236 (335)	248 (370)	730 (1,044)

注:( )内は該当市町村数。

・都道府県の類型

図表 I - 4

都道府県

財政力指数	グループ	該当団体数
0.500以上	I	10
0.400以上0.500未満	II	8
0.300以上0.400未満	III	14
0.300未満	IV	14
東京都		1
計		47

3-2　財政比較分析表の見方と分析

　自治体の財政に関して分かりやすい開示が住民等から求められるにつれて、総務省では類似団体との比較分析表をHPで公開するようになった。現在、決算カードのうち主要な財政指数等について類似団体と比較した結果をレーダーチャートで表して、平成16年度決算分から「市町村財政比較分析表」としてHPで公表している。

　比較分析する項目は、平成17年度決算から次の7項目である。

・財政力＝財政力指数：指数が高いほど財源に余裕があることを意味する。ただし特別区の指数は特別区財政調整交付金の算定に基づいているので他の市町村とは算定が異なる。
・財政構造の弾力性＝経常収支比率：比率が低いほど弾力的であると判断される。
・人件費・物件費等の適正度＝人口1人当り人件費・物件費・維持補修費の決算額：類似団体と比較考量しながら検討する。
・給与水準の適正度（国との比較）＝ラスパイレス指数：国の給与水準を100としている。

図表Ⅰ-5　財政比較分析表の事例
市町村財政比較分析表（平成16年度決算）

北海道　夕張市

人　　口	13,615 人(H17.3.31現在)
面　　積	763.20 km²
歳入総額	19,349,322 千円
歳出総額	19,348,788 千円
実質収支	534 千円

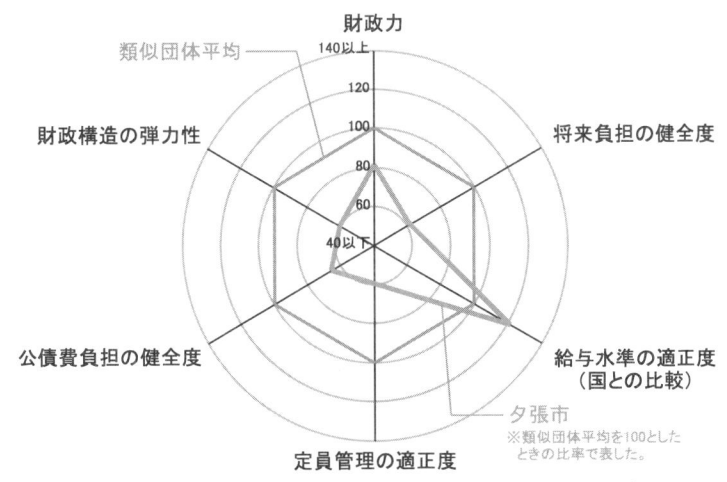

（レーダーチャート）
- 財政力
- 将来負担の健全度
- 給与水準の適正度（国との比較）
- 定員管理の適正度
- 公債費負担の健全度
- 財政構造の弾力性

類似団体平均
夕張市
※類似団体平均を100としたときの比率で表した。

※類似団体とは、人口および産業構造等により全国の市町村を88のグループに分類した結果、当該団体と同じグループに属する団体を言う。

分析欄

財政力指数：炭鉱閉山による他に類例を見ない人口の激減や全国平均を上回る高齢化率（平成16年度末 39.4%）に加え、閉山した炭鉱に代わる産業がないことなどから、財政基盤が弱く、類似団体平均をかなり下回っている。歳入に見合った歳出規模の構築を図るため、「行財政正常化対策（平成14年度策定）」を推進し、行政機構のスリム化等による財政の健全化に努力している。

経常収支比率：炭鉱の閉山による急激な人口の減少により、人口比での職員数は類似都市を上回また炭鉱閉山跡処理対策の社会基盤整備に係る財源を地方債に依存せざるをえなかったことなどから、人件費及び公債費に要する経費が増大、加えて高齢化による老人福祉費等扶助費が多額となっている一方で、歳入においても、人口の激減から、税収（地方交付税等含む）等経常一般財源が減少（平成16年度 約▲4億円）し、経常収支比率は、類似団体平均を大きく上回っている。「行財政正常化対策」に基づく給与カット及び定年退職者の不補充により人件費を抑制すると同時に、今後控えている大規模な事業計画の整理・縮小を図るなどの起債抑制策（単年度発行額3億5千万円）による公債費負担の適正化により、経常経費の削減に努める。

起債制限比率及び人口1人当たり地方債現在高：エネルギー政策の転換に伴う炭鉱閉山跡処理対策の社会基盤整備のために発行した起債の償還等に伴い上昇し、類似団体平均をかなり上回っているが、償還のピークを過ぎ、今後は、人口規模に見合った事業計画の再検討などによる起債抑制等、公債費負担の適正化を図り、後世への負担を少しでも軽減するよう努めていく。

ラスパイレス指数：平成16年度から行財政正常化対策に基づく職員の給与カット（給料月額で平成16年度 2%、平成17年度 3.5%、平成18年度 5%）の実施により、類似団体の中では最低水準にある。各種手当（管理職・期末手当）の削減も行っており、今後も給与の適正化に努める。

人口1,000人当たり職員数：これまでも職員の削減は行ってきている（平成15年度までの過去10年間で病院医療職を 除く114人25%を削減）が、人口の急激な減少により人口比での職員数は類似都市を上回っている。行財政正常化対策の職員適正化計画に基づき、定年退職者の不補充、行政機構や事務の見直し等により、平成26年度までに100人（30%）を削減する。

— 128 —

I 自治体決算（決算カード）の分析

財政力
財政力指数 [0.22]

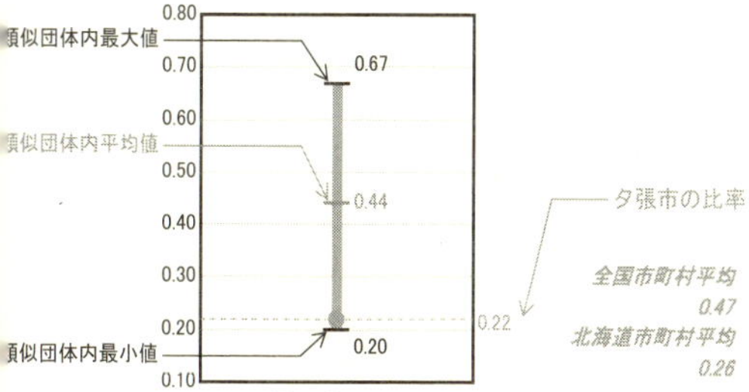

- 類似団体内最大値: 0.67
- 類似団体内平均値: 0.44
- 類似団体内最小値: 0.20
- 夕張市の比率: 0.22

全国市町村平均 0.47
北海道市町村平均 0.26

類似団体内順位 [34/36]

将来負担の健全度
人口1人当たり地方債現在高 [1,006,995円]

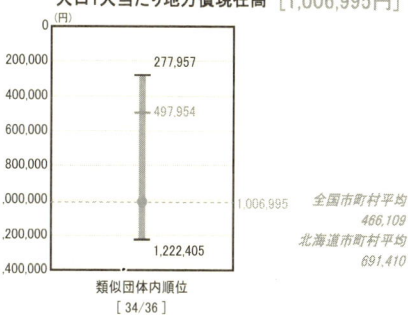

- 277,957
- 497,954
- 1,006,995
- 1,222,405

全国市町村平均 466,109
北海道市町村平均 691,410

類似団体内順位 [34/36]

財政構造の弾力性
経常収支比率 [116.3%]

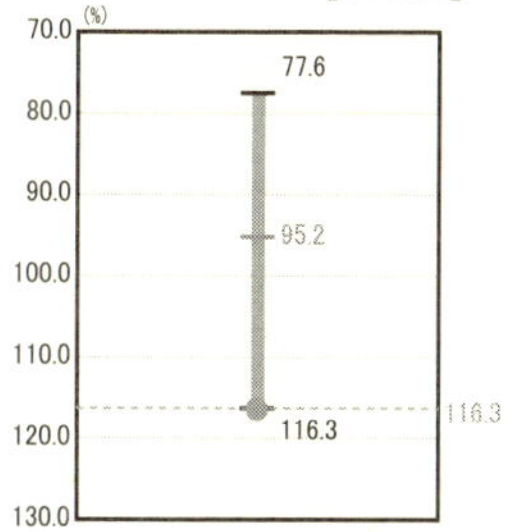

- 77.6
- 95.2
- 116.3

全国市町村平均 90.5
北海道市町村平均 92.0

類似団体内順位 [36/36]

給与水準の適正度（国との比較）
ラスパイレス指数 [90.1]

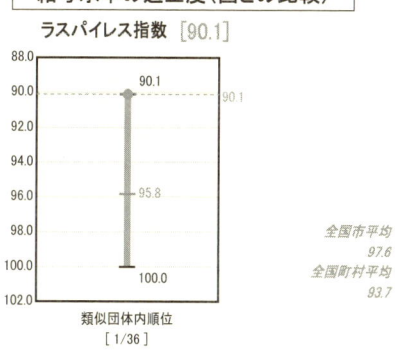

- 90.1
- 95.8
- 100.0

全国市平均 97.6
全国町村平均 93.7

類似団体内順位 [1/36]

公債費負担の健全度
起債制限比率 [17.0%]

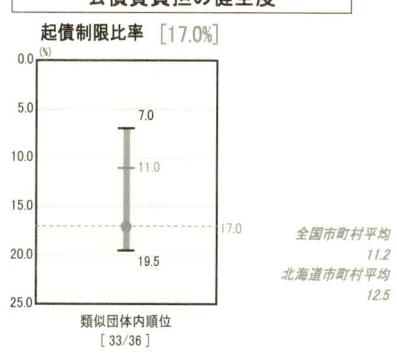

- 7.0
- 11.0
- 17.0
- 19.5

全国市町村平均 11.2
北海道市町村平均 12.5

類似団体内順位 [33/36]

定員管理の適正度
人口1,000人当たり職員数 [20.12人]

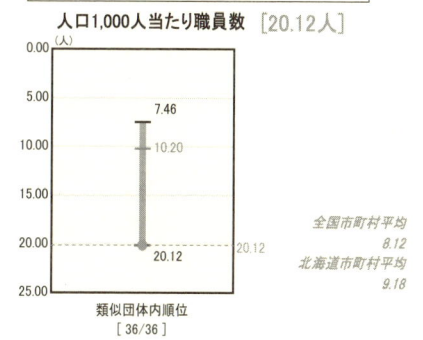

- 7.46
- 10.20
- 20.12

全国市町村平均 8.12
北海道市町村平均 9.18

類似団体内順位 [36/36]

- 定員管理の適性度＝人口1人当たり職員数：職員数の多寡を判断する
- 公債費負担の健全度＝実質公債費比率：地方債元利償還の程度をみる。
- 将来負担の健全度＝人口1人当たり地方債残高：地方債現在高の程度をみる。

　これらの項目について、レーダーチャートの中央値に類似団体の平均値を100としておき、当該自治体の指数を求めてそれぞれプロットして表してある。当該自治体の指数が良ければ外側にプロットするように作図されているため、それぞれどの項目が類似団体と比べて良いか悪いかが容易に判別できる。またレーダーチャートの分析項目については、類似団体の平均値、最大値、最小値が棒グラフで示され、また当該自治体のある都道府県内の市町村の平均値も記載されており、どの程度のポジションにあるかなども分かる。

　当該自治体は、財政比較分析表より判別した結果をレーダーチャート下の分析欄に記入することになっている。財政当局がどのような分析を行ったかが分析欄をとおして知ることができる。

Ⅱ 自治体財務諸表の分析

1 自治体の財務諸表

1-1 財務諸表の役割

　わが国の自治体で、バランスシート（貸借対照表）や行政コスト計算書などの財務諸表が作成されはじめてから10年以上が経過した。これらの財務諸表は、作成が義務づけられているわけではないが、この間に市町村のおよそ6割でバランスシート、4割で行政コスト計算書を作成するまでに普及した。しかし、その目的や活用方途についてはそれほど明確ではない。パブリック・マネジメント（経営的管理）の考えで進めてきた行財政改革において、理念や技法ばかりが先行し、実践での活用には至っていないのが現状であろう。

　元来、公会計で財務諸表を作成する目的は、PDCAの予算マネジメントにおいて有用な会計情報を提供することにある。周知のように、PDCAは、計画（Plan）→実行（Do）→検証（Check）→見直し（Action）、と続くマネジメント・サイクルであり、ここにおいて行政サービスの執行結果を適正に評価するために企業と同様の財務諸表が必要となる。

　企業の財務諸表とは、減価償却費等の現金支出をともなわない発生ベースの費用も計上した損益計算書、土地や建物などの資産と負債を期末時点で評価したバランスシート、現金の増減を活動別に表したキャッシュフロー計算書、株主資本等変動計算書などで株主に

企業の経営成績や財政状況を伝えるために作成される会計情報である。こうした財務諸表を自治体でも作成して、行政財産の適正な配置と管理および行政サービスの効率的で有効な提供に役立てようというのがその目的である。

しかし、現行の公会計制度は現金主義会計であるため、発生ベースの費用や資産のストックが認識できず、バランスシートや損益計算書は作成できない。そこで公会計改革が行われるまで、現行の決算カードを利用して発生主義的考え方を取り入れながら便宜的にバランスシートや損益計算書のコストだけを計上した行政コスト計算書を作成してきたのである。

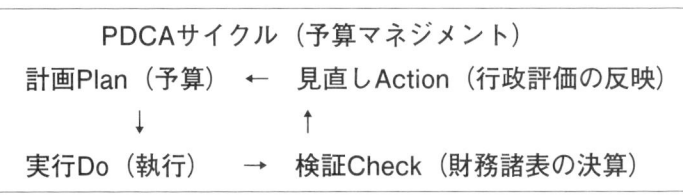

```
        PDCAサイクル（予算マネジメント）
  計画Plan（予算）  ←   見直しAction（行政評価の反映）
       ↓                    ↑
  実行Do（執行）   →   検証Check（財務諸表の決算）
```

政府の決算書が現金ベースのみで作成されているのは先進諸国の中ではわが国くらいである。財政の効率化・有効化を求めるのであれば、少なくとも現行の決算書に加えて、発生ベースの費用とストックの会計情報は不可欠である。そのためには、公会計制度を発生主義会計・複式簿記に改める必要がある。

1-2　財政健全化法と新たな財務諸表

総務省はこれまで、決算カードを利用してバランスシートと行政コスト計算書を作成するためのマニュアル（「地方公共団体の財政分析に関する調査研究会報告書」平成12年3月および平成13年3月、「連結バランスシートの試案」平成17年9月）を公表し作成を促してきた。各自治体はこれをもとに、いわゆる"総務省方式"のバランスシートと行政コスト計算書を作成してきた。

しかし、これまでの総務省方式で作成していたバランスシートと

行政コスト計算書は、平成18年5月に新地方公会計制度研究会がまとめた報告書（以下、「報告書」とする）および平成19年10月に新地方公会計制度実務研究会による報告書（以下、「実施マニュアル」とする）を参考に財務諸表を整備するよう、総務省から都道府県知事と政令市長に通知された。財務諸表の作成は今回も自治体に義務づけされるものではないが、「行政改革推進法」や「地方公共団体の行政改革の更なる推進のための指針」（総務省平成18年8月）で発生主義と複式簿記の考え方など民間基準を踏まえて財務諸表を作成するよう要請している。

そして平成19年6月に成立した健全化法は、健全化の財政指標が平成19年度決算（財政健全化計画と財政再生計画の策定は20年度決算より適用）から適用されることにともない、早期に財務諸表を整備し作成する必要が生じたのである。「報告書」が求めている財務諸表は、バランスシート、行政コスト計算書、純資産変動計算書、キャッシュフロー計算書の4表であり、それぞれの基準モデルの作成方法が「実務マニュアル」に示されている。なお新たに示された基準モデルでは、開始のバランスシートは固定資産台帳から作成することや複式記帳を求めていることから、中小の整備が進んでいない自治体については、これまでの総務省方式のバランスシートから比較的容易に作成できる総務省改訂モデルも認めている。

いずれのモデルにせよ、総務省では、（1）取組みが進んでいる自治体と都道府県、人口3万人以上の都市は3年後（平成21年）、（2）取組みが進んでいない自治体と町村、人口3万人未満の都市は5年後（平成23年）、までにそれぞれ整備するよう求めている。今後、自治体で作成される財務諸表はこれらいずれかのモデルで4表を作成することになる。また対象となる会計は、普通会計に公営事業会計を加えた単体、これに当該自治体と密接に関連のある地方独立行政法人、一部事務組合・広域連合、地方三公社、第三セクター等を加えた連結の財務諸表である。ここで連結に含まれる第三セクターは、出資比率が50％を超える法人と50％未満であっても役員

派遣や財政支援があるなど実態に応じて連結に含めることになっている。

図表Ⅱ-1　財務諸表の種類と対象となる会計

財務諸表	対象となる会計
単体の財務諸表 ・バランスシート ・行政コスト計算書 ・純資産変動計算書 ・キャッシュフロー計算書 　付属明細表	普通会計＋公営事業会計
連結の財務諸表 ・連結バランスシート ・連結行政コスト計算書 ・連結純資産変動計算書 ・連結キャッシュフロー計 　算書付属明細表	普通会計＋公営事業会計 ＋地方独立行政法人＋一部事務組合・広域連合＋地方三公社 ＋第三セクター等

　基準モデルによる財務諸表は、通常は4表であるがこれらに関連する事項についての付属明細表を加えると5表である。企業の財務諸表は会計データから誘導的に作成され、相互に有機的に関連しているので、経営成績や財政状況の財務分析ができる。しかし、自治体の財務諸表は、現在のところ公会計制度は単式簿記・現金主義会計であるため、会計データから作成することはできない。総務省方式のバランスシート等は、決算カードから便宜的に作成してきたのであるが、基準モデルでは固定資産台帳等を整備しフローとストックの情報を網羅的に公正価格で把握した上で、発生主義により複式記帳して作成することを前提としている。

　財務諸表4表の関係をみると、バランスシートの資産と負債の差額である純資産は、純資産変動計算書のうち資産の増減の差額として求められる期末残高と一致し、その要因が示される。また純資産

変動計算書のうち財源の調達と使途との差額は、行政コスト計算書の収益と費用の差額と一致する。そしてバランスシートの金融資産のうちの資金は、キャッシュフロー計算書の期末残高に対応する。こうした分析が、公共資産の計画的で効率的な維持管理がより有用なものとなるよう期待されている。

図表Ⅱ-2　財務諸表4表と相互関係（簡易様式）

バランスシート

資産の部	負債の部
公共資産	地方債
投資等	退職給与
流動資産	引当金
（うち資金）	その他
	純資産の部

キャッシュフロー計算書

（期首残高）	
経常収入	経常支出
資本的収入	資本的支出
財務的収入	財務的支出
	（期末残高）

行政コスト計算書

経常費用	経常収益
人のコスト	資料料等
物のコスト	
移転コスト	
他のコスト	
	純経常行政コスト

純資産変動計算書

財源の使途	（期首残高）
	財源の調達
	地方税
（うち純行政コスト）	交付税
	経常補助金
資産の減少	資産の増加
（期末純資産残高）	

2 財務諸表の読み方と分析

2-1 バランスシートの読み方と分析

2-1-1 バランスシートの読み方

> 企業会計でバランスシートとは、期末時点の資産と負債およびその差額である資本の在高を表したものであり、企業の財政状態を表す。通常は資産の方が多いので、負債との差額がプラスの資本としてバランスしている。しかし、負債が多いと資本はマイナスとなり債務超過の状態で企業では倒産する。

　企業会計のバランスシートの機能は次の3つある。①資金の調達先と運用先を表す。資金の調達先はすなわち借入先であり負債として計上される。一方、運用先は調達した資金を振り向けた先であり、生産活動のために機能させる。生産活動の結果、増殖した分が資本の増加として計上される。②期間損益のための資産の収益力と負債の費用を表す。企業会計は利益計算のための会計であるので、損益計算書が重要でありその補助としてバランスシートが作成される。③解散時の残余財産を表す。期末に企業が解散した場合にどれだけの残余財産があるかを表示するもので、所有者に期末時点で配分できる価値を示す。

　バランスシートはどの機能をもたせるかにより資産の評価が異なる。①の資金の調達先と運用先の表示では、資産は資金の投下であるから取得原価（歴史的原価）ないし市場価格で評価する。②の期間損益計算のための費用表示では、実際の費用を表すので市場価格が適切となる。そして③の残余財産の表示では、企業の解散可能性を前提としておりどれほど残余財産があるかを求めるので市場価格で表示する。

公会計でバランスシートの機能を考えると、②と③は企業会計のための機能であり公会計では該当しない。それゆえ公会計では①の資金の調達先と運用先の表示として機能させることができる。

　財政資金をどこから調達し、どのような資産に支出したかを明らかにすることができる。この場合、納税者の負担との関係で考えるなら、資産の評価は取得価格を用いることが分かりやすい。また資金の調達先の負債と運用先の資産の差額である資本は、公会計では政府はだれの所有物でもないので資本という表現は適当ではない。資産と負債との単なる差額としてこれまでは「正味資産（負債）」と表現してきたが、基準モデルでは「純資産（負債）」としている。

2-1-2　バランスシートの様式

> これまでのいわゆる総務省方式のバランスシートは、主として決算カードをもとに作成してきたので、有形固定資産の表示については行政目的別に表わしてきた。これに対して基準モデルでは、より企業会計に近い表示となり、資産の部は流動資産から配列し金融資産と非金融資産に分けられ、非金融資産に事業用資産、インフラ資産、繰延資産が計上される。また総務省改訂モデルでは、以前の総務省方式に近く、資産の部は固定資産から配列し公共資産、投資等、流動資産に分けられ、公共資産に有形固定資産と売却可能資産が計上される。

　簡易の普通会計バランスシートの様式は図表Ⅱ-3のようである。資産の部については、1公共資産、2投資等、3流動資産に分け、公共資産については（1）事業用資産（公民館や公営住宅など公共の施設でインフラ資産以外の資産）、（2）インフラ資産（道路や河川などのインフラ資産）、（3）売却可能資産（遊休地や未利用の施設等で売却が可能な資産）である。ここでは売却可能資産が新たに加わったことが特徴である。売却可能資産とは、現に公用もしくは公共用に供されていない全ての公用資産を含み、路線価や公示地価

に基づいて評価した売却可能価額を有形固定資産から振替処理を行い、有形固定資産として貸借対照表に計上されていた金額と売却可能価額との差額は純資産の部の資産評価差額に計上されることになる。

負債の部については、以前のモデルと変わらず、1固定負債と2流動負債に分け、固定負債は（1）地方債、（2）退職給与引当金（特別職を含め全職員が普通退職した場合に必要な退職手当見込額）、（3）その他、であり、流動負債は（1）翌年度償還予定地方債、（2）その他、である。

資産と負債の差額は、正味資産の部から基準モデルでは純資産の部に改められている。これは純資産変動計算書が財務諸表に新たに加わったことで見直され、また財源充当の実態に即して表示項目も見直されている。

図表Ⅱ-3　簡易なバランスシート

資産の部	金額	負債の部	金額
1．公共資産	＊＊＊	1．固定負債	＊＊＊
（1）事業用資産	＊＊＊	（1）地方債	＊＊＊
（2）インフラ資産	＊＊＊	（2）退職手当金	＊＊＊
（3）売却可能資産	＊＊＊	（3）その他	＊＊＊
		2．流動負債	
2．投資等	＊＊＊	（1）翌年度償還予定地方債	＊＊＊
（1）投資及び出資金	＊＊＊	（2）その他	＊＊＊
（2）貸付金	＊＊＊	負債合計	＊＊＊
（3）基金等	＊＊＊		
		純資産の部	
3．流動資金	＊＊＊	純資産合計	＊＊＊
（1）資金	＊＊＊		
（2）未収金	＊＊＊		
資産合計	＊＊＊	負債及び純資産合計	＊＊＊

2-1-3　バランスシートの分析

> 自治体のバランスシートの機能を資金の調達先と運用先を表しているとみれば、つぎのような分析ができる。

①**社会資本の世代間負担比率**：

　負債は地方債と今後の退職金であり将来世代の負担、純資産はこれまでの世代が支払った資金であるので、有形固定資産合計でそれぞれを割ることで世代別の資本形成が求められる。資産形成がどちらの世代でどれだけ行われてきたかがわかる。

$$\text{・将来世代の負担比率} = \frac{\text{負債合計}}{\text{有形固定資産合計}}$$

$$\text{・これまで世代の負担比率} = \frac{\text{純資産}}{\text{有形固定資産合計}}$$

②**使途別有形固定資産比率**：

　　　有形固定資産は事業用資産とインフラ資産の別に集計されているので、それぞれの割合が表示される。

$$\text{・使途別資産比率} = \frac{\text{使途別資産}}{\text{有形固定資産合計}}$$

③**予算（歳入総額）対有形固定資産比率**

　　年度の予算額（歳入総額）に対する有形固定資産の割合であり、インフラ等が何年分の予算で形成されているかをみることで予算に対する資産形成の大きさを測る。数値が多いほどインフラが充実しているとも読める。

$$\text{・予算対社会資本形成比率} = \frac{\text{有形固定資産}}{\text{歳入総額}}$$

④**住民1人当りバランスシート**

　バランスシートの数値を人口で割って住民1人当りのバランスシートを作成することで、他団体と比較して特徴なり特異性を検証することができる。ただし、自治体により状況は異なるため比較分析にはそれらの事情を考慮して読む必要がある。

2-2　行政コスト計算書の読み方と分析

2-2-1　行政コスト計算書の読み方

企業会計では収益とそれに対応する費用を損益計算書として作成しているが、公会計でもこれに相当するのが行政コスト計算書である。ただし、公会計には収益という概念がないため費用のみを計上するため行政コスト計算書と称している。また費用は発生主義の考え方で認識して計上する。ここでの費用は、決算カードの歳出に計上された現金支出の費用に加えて、非現金支出の費用である有形固定資産の減価償却費と退職給与引当分も発生コストとして認識し計上して示す。

　現金主義会計では現金支出がなければコストは計上されないが、発生主義概念を導入した行政コスト計算書では、減価償却や退職給与引当に関わる現金支出のともなわないコストも計上している。これにより、資源の費消をより正確に把握することになり、効率性や有効性の評価に有用な会計情報を提供することができる。

2-2-2　行政コスト計算書の様式

　行政コスト計算書については、これまでの総務省方式の様式と基本的には変わりないが、基準モデルでは経常費用と経常収益に分け、経常費用は経常業務費用と経常移転支出として表示している。また総務省改訂モデルでは、これまでと同じく経常行政コストを「人にかかるコスト」、「物にかかるコスト」、「移転的コスト」それに「その他のコスト」に分けて表している。

図表Ⅱ-4　簡易な行政コスト計算書

	金額
経常費用	＊＊＊
1.人にかかるコスト	＊＊＊
（1）人件費	＊＊＊
（2）退職手当引当金繰入	＊＊＊
等	
2.物にかかるコスト	＊＊＊
（1）物件費	＊＊＊
（2）減価償却費	＊＊＊
（3）維持補修費	＊＊＊
等	
3.移転支出的なコスト	＊＊＊
（1）他会計への支出	＊＊＊
（2）社会保障給付	＊＊＊
等	
4.その他のコスト	＊＊＊
（1）公債費（利払）	＊＊＊
等	
経常収益	＊＊＊
使用料・手数料等	＊＊＊
純経常行政コスト（経常費用－経常収益）	＊＊＊

2-2-3　行政コスト計算書の分析

　総務省改訂モデルでは、横の欄に決算カードの行政目的別に計上された性質別経費にバランスシートで計上された当該年度の退職給与引当金繰入額と減価償却費を記入し、縦の欄に決算状況調査表から目的別経費の内訳を記入してクロスさせた表である。これにより、行政サービス別のコスト配分やそれぞれのコストに充てられた使用料・手数料等の財源の把握が可能となる。また各コストの経年比較で政策との整合性や類似団体との比較をとおして特性が検証できる。

①経年比較：
　「人にかかるコスト」や「物にかかるコスト」などの項目及び目的別の各項目を経年比較することにより、分野ごとのサービスがの変化等を把握できる。経年的に「人にかかるコスト」が増加している場合は、総務省改訂モデルでは目的別の欄から分野別の動向が分析できる。

②住民一人当たり行政コスト計算書：
　「人にかかるコスト」や「物にかかるコスト」などの住民一人当たりの額を算出することにより、類似団体とのコスト比較をすることができる。

③収入項目対行政コスト比率
　経常コストと経常収益の項目ごとの比率をみることにより、その分野の行政コストがその分野の受益者からの使用料、手数料等でどれほど賄われているかが把握でき受益者負担等の状況が分析できる。

図表Ⅱ-5　　行政コスト計算書の表示と分析

表　示	内　容	分　析
人にかかるコスト	給与や退職金等で人件費、退職給与引当金繰入分	できるだけ抑えることが求められるが、福祉サービスは膨れるので内容を吟味する必要がある
物にかかるコスト	行政事務の管理運営や減価償却費等で物件費、維持補修費、減価償却費等	民間委託が進めば人件費は削減されるが物件費（委託費）が膨れてくる
移転支出にかかるコスト	生活保護給付や他会計への補助等で扶助費、補助費等、繰出金等	扶助費は生活保護給付等で増加傾向にあるがその他の補助の動向をみる。他会計への繰出金の水準は適性かどうか要チェック
その他のコスト	災害復旧費、失業対策費、公債費（利子分のみ）、債務負担行為繰入、不能欠損額等	資本調達費、臨時的経費であり増減に注目

2-3　キャッシュフロー計算書の読み方と分析

2-3-1　キャッシュ・フロー計算書の読み方

企業会計のキャッシュフロー計算書は、資金の源泉と使途の計算書である。アメリカ財務会計基準では「ある期間の現金および現金等価物の変動を説明するもの」であり、その表示については、営業活動、投資活動、財務活動に区分し、それぞれの活動ごとに現金及び現金等価物の収支を示して全体の収支残高を

> 求め、これに期首の残高を加えて期末の残高を表示するもとしている。これにより、現金の期首残高と期末残高の間の変化が活動別に明らかにされることになる。

　ここで営業活動のキャッシュフローとは、企業の主要な営業活動にともなって得られるキャッシュ・インフローとそのために支払われるキャッシュ・アウトフローで営業活動によるキャッシュ獲得能力を表す。投資活動のキャッシュフローは、営業活動のために所有又は使用する資産の取得又は売却のキャッシュフローであって、企業の投資規模を表す。そして財務活動のキャッシュフローは、資本又は資金の調達と報酬支払のキャッシュフローで、営業活動と投資活動の収支差額をどのように賄ったかを表す。

　こうしたキャッシュフロー計算書では、次のような指標をみることで経営分析を行うことができる。

① 現金収支比率
　＝現金収入総額÷現金支出総額×100
　　この比率は現金の流れで両者は一般に同額となり100％近くになることが望ましい。100％を超えるようだと資本効率を低下させ非効率な支出を招き、下回ると経営活動を停滞させ健全な運営を損なうことになりかねないからである。

② フリー・キャッシュフロー
　＝営業活動によるキャッシュフロー―投資活動によるキャッシュフロー
　　必要な全ての現金支出を行ったあと企業が自由に使える現金残高のことで、フリー・キャッシュが多ければ借入金の返済や配当金の支払に充てることができるため、健全であるということになる。

③ 営業活動対財務活動比率
　＝営業活動キャッシュフロー÷財務活動キャッシュフロー×100
　　営業活動キャッシュフローは通常はプラスであるが財務活動

キャッシュフローがマイナスであるとき、この比率の絶対値が100%を超せば債務の返済や投資に資金がまわされたことを意味し、逆に100%を下回れば債務の返済に当期の現金では賄えず積立金等の取崩しを必要としていることを意味する。

④ **負債対営業活動比**
　＝負債総額÷営業活動キャッシュフロー

負債総額を営業活動キャッシュフローで割ることは、一年の営業活動で得られるキャッシュフローで現在の負債を返すと何年かかるかを表すもので、企業の返済余力を示すことになる。

キャッシュフロー計算書は公表する財務諸表の1つとして加えられて年数が短いため、その分析手法はまだ定まっていないところがある。しかし、発生主義会計に内在する恣意性はときに実態を報告しないことがあるため、真実の写像を写しだすキャッシュフロー計算書は重要である。

2-3-2 キャッシュ・フロー計算書の様式

> 公会計におけるキャッシュフロー計算書の様式は、一般的には以下のような三区分の表示が多い。これは世界の公会計原則の策定に取り組んでいる国際会計士連盟（IFAC）が、各国の事例をまとめながら公開草案のなかで提示したものである。
> ① 行政活動によるキャッシュフロー、② 投資活動によるキャッシュフロー、③ 財務活動によるキャッシュフロー

わが国で公認会計士協会が公表した「公会計原則（試案）」のなかの「資金収支計算書原則」では、国際会計基準をもとにそのあり方と表示が述べられているが、ここではIFACと同じ三区分による表示で説明されている。

以上の公会計で扱われているキャッシュフロー計算書の様式とその読み方をまとめると、以下のように示すことができる。

図表Ⅱ-6　キャッシュフロー計算書

	金額
1．経常的収支	＊＊＊
2．公共資産整備収支	＊＊＊
3．投資・財務的収支	＊＊＊
当期収支	＊＊＊
期首資金残高	＊＊＊
期末資金残高	＊＊＊
（基礎的財政収支）	
収入総額	＊＊＊
支出総額	＊＊＊
地方債発行額	＊＊＊
地方債元利償還額	＊＊＊
減債基金等増減	＊＊＊
基礎的財政収支	＊＊＊

2-3-3　キャッシュフロー計算書の分析

　キャッシュフロー計算書は、経常収支、公共資産整備収支、投資的財務収支、それに基礎的財政収支に分けられ、それぞれについて下記のような分析をすることができる。いずれも現金のみの収支であるので、非常に客観性が高く、真の財政状況を分析することができる。

図表Ⅱ-7　キャッシュフロー計算書の表示と分析

表　示	内　　容	分　析
経常的収支	通常の行政活動にともなう収入・支出。収入は税金、罰金等の非交換取引と手数料、料金等の交換取引があり、支出は予算に計上された全ての行政活動に必要な経費	プラスになることが最小限必要。マイナスであれば赤字公債が必要となり収支構造の見直しが求められる。また経常収支比率に対応しプラスが小さいほど硬直的とみることもできる
公共資産整備収支	固定資産等の取得と売却にともなう収入・支出。収入は固定資産取得のための国庫支出金収入、資産売却代金、貸付金等の回収、基金の取崩し等で、支出は資産購入代金、出資金・貸付金、他会計への繰出金など	公会計でも行政活動のプラスで投資活動のマイナスをカバーすることが必要。投資を資金面からコントロールする情報に利用できる
投資財務的収支	行政活動と投資活動の結果で生じた収支の差額を補う資金。収入は公債収入等で支出は公債の元金償還や利子など	外部からの借入を表し将来の負担となるもの。公債残高や実質公債費比率などとあわせて公債管理の情報となる
基礎的財政収支	プライマリーバランスであり公債費関連を除いた基礎的な財政収支	黒字を維持することが健全財政となる

2-4　純資産変動計算書の読み方と分析

2-4-1　純資産変動計算書の読み方

　純資産計算書は、会計年度中の純資産の変動を表すものであり、純資産の損益外純資産の減少と増加の原因を表示する。

2-4-2　純資産変動計算書の様式

　基準モデルでは、当期変動額を財源変動の部、資産形成充当財源

変動の部それにその他の純資産変動の部に分け、財源変動の部では財源の使途と調達、資産形成充当財源変動の部では固定資産の変動、長期金融資産の変動、評価・換算差額等の変動に分けて表している。また総務省改訂モデルでは、純資産の変動を財源別の欄を設けてクロスして表している。

図表Ⅱ-8　簡易な純資産変動計算書

	金額
期首純資産残高	＊＊＊
純経常行政コスト	△＊＊＊
財源調達	＊＊＊
地方税	＊＊＊
地方交付税	＊＊＊
経常補助金	＊＊＊
建設補助金	＊＊＊
その他	＊＊＊
資産評価替・無償受入	＊＊＊
その他	＊＊＊
期末純資産残高	＊＊＊

2-4-3　純資産変動計算書の分析

　純資産の変動とは損益外純資産の増減によって生じるのであり、その変動要因を分析することによって、資産構成がどう変動したかが判明する。純資産が増加すれば将来世代へインフラ等の資産を蓄積したことを意味し、減少すれば現役世代が資産を費消してしまったことになる。

事例分析編

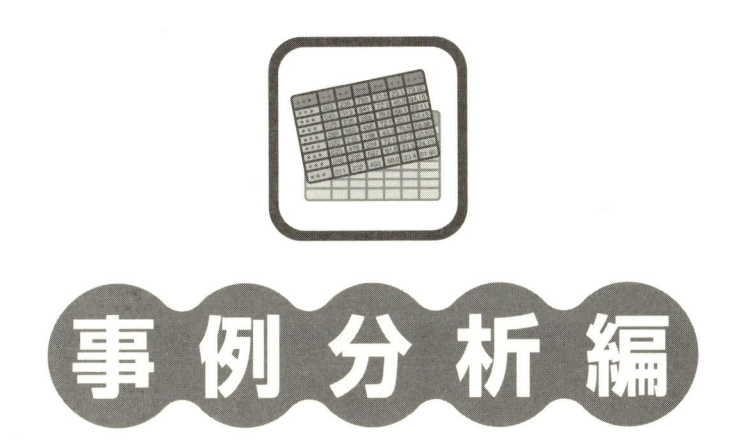

I 東京都の財政

1 財政規模は縮小傾向

　東京都の人口は、日本の人口のほぼ一割を占めており、財政規模でみても、ほぼ同様の状況であったが、近年その財政的位置は低下してきている。

　1995（平成7）年頃までは、一般会計ベースでみて、都の水準は、国の10％で、公債費や特別区財政調整会計への繰出し等を除いた政策的経費である一般歳出（国の場合、国債費や地方交付税交付金等を除いたものをいう）ベースで比較すると、15％程度であった。2000（平成12）年度以降は、一般会計ベースで7〜8％、一般歳出ベースで9％まで落ちてきている（いずれも当初予算）。

　主な原因は、都側の要因としては、バブル崩壊後の財政健全化政策に伴う厳しい歳出削減、国の側の要因としては、1990年代に入って、毎年のように実施してきている様々な経済対策の連続で、2000年代になるまで一貫して右肩上がりの財政であったことにある。さらに、そうした経済対策の恩恵は、都において、比較的少なかった、また、それ故に投資的経費削減を進めることができたともいえる。

一般歳出

一般会計の中で、実質的に諸政策に使える部分をいう。一般会計規模が大きくても、一般歳出規模が小さいと、財政が硬直的であるといえる。

2　租税に占める都税収入の位置

　国税と地方税を合わせた租税全体の中で、地方税の位置は、バブルの時期を除けば必ずしも減少傾向にはない。最近では、所得、法人課税を含めた減税策を国税中心に行っていることもある。しかし、東京都税については、1955（昭和30）年代の高度成長期には17％であったが、減少傾向は続き、2000年頃には12％を下回る水準、このところ若干持ち直してはいるが13％程度である。

　この間、長期的に地域格差が減少し、農村部の地方税収が伸びたために都のウェートが落ちてきたわけではない。都側の要因として、景気後退などにより法人二税の減収が生じた時もあるが、このような、結果として生じてきた要因ばかりではない。法人事業税の分割基準変更、制限税率設定、住民税を含む所得税制改革等が都の配分を特に減ずる方向で、ある程度意図的に実施されてきた経緯がある。

3　不交付団体は金持ちか

　東京都は、地方交付税を受けたことのない唯一の都道府県レベル自治体である。

　地方交付税の算定は基準財政需要額と基準財政収入額の差額を基にしている。基準財政需要額については、各地方公共団体が、合理的かつ妥当な水準で行政活動を行うのに要する一般財源所要額であり、実際の財政需要ではなく、想定上の数値である。非常に精緻に構成されてはいるものの、首都や大都市特有の財政需要など、充分に算定されていない部分がある。

（1）　不交付団体になると

　地方交付税の不交付団体は、単に、交付税が交付されないということを意味するものではない。これに伴う、様々な財源調整措置

（減額措置）等がある。

　国庫支出金について、地方団体の財政力や財政需要を加味して補助率に差をつけることにより、財政力指数の高い団体の補助を減額したり、財政力指数の低い団体の補助を増額したりする措置が設けられてきた。地方交付税の基準財政需要額を上回る収入は、超過財源、いわば余裕財源として、財源調整の対象となっているのである。

　たとえば、義務教育費国庫負担金は教職員給与費の一部を国の負担とするものであるが、これまで不交付団体については、富裕団体であるとして算定基準を下げてきた。また、公共事業費補助について、財政力指数の低い都道府県の補助率を通常より引き上げたり、不交付団体には、補助率の割落しが実施されてきた。

（2）税制改革が実施されると

　国税の税制改革や景気対策により住民税や事業税等の地方税減税が実施されたり、国庫支出金の減額が実施されることもある。

　こうした場合、通常、地方交付税を改革したり、特別の起債を認め、元利償還を交付税でみるといった措置をとられてきたのであるが、不交付団体には関わりがない。不交付団体は交付税では手当てできないのである。地方債の元利償還を地方交付税に頼るシステム、国庫負担金の補助裏負担の交付税算入、かつてのふるさと創生資金など地方交付税算入のしくみも合わせてみると、ほとんどの地方財政収入源は財政調整機能をもつものとなっている。県レベル唯一の不交付団体である東京都が財政危機に陥る一つの要因となっている。

（3）法人事業税の分割基準

　法人が二つ以上の都道府県にまたがって事業展開している場合には、法人事業税の課税標準額を関係都道府県で按分する分割基準を設けている。固定資産の価額、従業者数等を組み合わせて設定するが、この制度変更は、往々にして東京都への配分を少なくする方向に変化してきている。たとえば、1989（平成元）年には、資本金1

億円以上の製造業について、それまでのように本社従業者数を2分の1とすることに加え、工場従業者数を1.5倍に算定することとされた。

4 財政危機の要因──歳入面から

　2000年以降、都財政が悪化した最大の原因は、長引く景気の低迷により歳入の根幹をなす都税収入が数年に渡り前年を下回り、誰にも予測できなかったほどに減少したことにある。東京都における地方税収の歳入構成比は、1975（昭和50）年代から上昇傾向にあり、1988（昭和63）年度78.8％に達した後低下に転じ、1993（平成5）年度には56.8％、税収額でみても、1991（平成3）年度の4兆8494億円をピークに減少し、1994（平成6）年度には3兆8601億円であった。この4兆円台前後の水準は2002（平成14）年度予算まで戻らず、2007（平成19）年度、税源移譲を受けようやく5兆円台となった。

　1999（平成11）年度の恒久的減税の都への影響2006億円のうち、半分は法人事業税によるもの。法人都民税減税分も入れれば8割が法人課税による。2000（平成12）年、地方特例交付金による手当ては1319億円にすぎない。地方交付税についてはすでに、1999年度から、恒久的な減税に伴う地方財源対策として、法人税に対する交付税率が32％から32.5％に引き上げられ、2000年度からは、地方法人関係税の見直しが行われるまでの間、35.8％とされているが、不交付団体たる東京都には関わってこない。

　歳入面からは、バブル崩壊後の法人2税（法人事業税、法人都民税）の収入減が、東京都財政圧迫の要因といってよい。

5 財政危機の要因──歳出面から

　歳出面からの財政危機要因は、美濃部都政時代（1967〜1979年）

と鈴木都政時代（1979～1995年）を比較すると興味深い。

（1） 義務的経費と投資的経費

　税収が伸び悩む中でも、歳出規模は、立ち遅れた社会資本整備のため普通建設事業費を積極的に伸ばすなど、拡大傾向にあった。

　美濃部都政の後、1980（昭和55）年度、性質別歳出決算でみた都の義務的経費構成比は50.5％、人件費比率は39.0％であったが、鈴木都政下におけるリストラの成果で、1993（平成5）年度には、それぞれ30.8％、24.3％と大幅な減少を示している。この間、都道府県全体の数値では、義務的経費が46.6％から40.0％へ1992（平成4）年度、人件費が36.9％から30.6％へ（同）と6ポイント程の減にとどまっていた。

　一方、投資的経費についてみると、都は、1975（昭和50）年代、15％前後で推移していたが、1986（昭和61）年度15.8％から87年度20.4％、88年度24.2％と2年間で8.4ポイントも上昇し、1993（平成5）年度には28.9％にもなっている。この20年間、都道府県全体では、30％前後で比較的安定的に推移していることから、都の値は極めて特異な伸びを示していることがわかる。

（2） 1975（昭和50）年不況と比べると

　鈴木都政初めの財政白書『都財政の現状』（1979（昭和54）年6月）では、都の財政構造の特徴として、歳入構造から、①都税の構成比が高いこと、②都債が都税につぐ主要な財源となっていること、③投資的経費の計上が少ないこととも関連して国庫支出金の構成比が低いこと。歳出構造から、④人件費、公債費の増嵩により、義務的経費の構成比がほぼ50％に達していること、⑤都市基盤整備を行う投資的経費の構成比が著しく低くなっていること、⑥特別区財政調整交付金や公営企業への支出金等の準義務的経費を含む補助費等の構成比が高いこと、があげられていたが、①②⑥については変化なく、④⑤に大きな変化が見られた故に、財政危機を迎えたといえ

— 154 —

よう。
　歳出面から見た場合、財政状況悪化の要因は、1990年不況の場合、義務的経費、平成不況の場合、投資的経費の急増にある。どちらに片よることなく、点検が必要とされるのである。

II 特別区（23区）の財政

1　23区の都区財政調整制度

　国と地方自治体の間の財政調整制度である地方交付税は、国の側が自らの財源（所得税、法人税、酒税、消費税、たばこ税）の一部を地方に配分する狭義の垂直的財政調整のしくみであるが、東京都の特別区においては、他の地域では市町村レベルの税を財政調整財源に組み入れる、いわゆる水平的財政調整のしくみをおき、市町村税である一部の税が区ではなく都に留保されている。結果的に、区の主要税源は特別区民税（個人分）ということになる。

　東京都は、通常、市の事務である上・下水道、消防などの事務を実施しているため、本来、市町村税である税（市町村民税法人分、固定資産税、特別土地保有税）の一部を都税として徴収し、貧困区に財源補填するというものである。最近まで、基準財政収入額が基準財政需要額を上回る富裕区について、超過額を納付金として納付、都の調整資金と合わせ財源補填する制度もあったが、1998（平成10）年の地方自治法改正により、2000（平成12）年度から廃止されている。ただ、かつて、千代田区、港区など納付金を出していた時期もあったが、近年、こうした区はなく、廃止の実質的影響はない。

　道府県には見られない方式で、県レベル自治体である都が財政調整を行っているのは、東京都が首都であり23区を一体と考えているためである。特別区のあり方も含め、批判がないではないが、決定に際し都と区の間で都区財調協議が行われること、共同税的内容をもっていること、都に法人住民税、区に個人住民税という配分を行

っていること等、分権論の中から、みるべき点も多い。

　都心区への集中度合いは地方交付税制度で対応不可能なほど大きなものである。1965（昭和40）年、制度の創設時は調整税が固定資産税と市町村民税法人分の２税、条例で定める調整率は25％。その後、特別土地保有税が加わり調整３税、調整率は44％となった。1998（平成10）年度地方自治法改正では、23区は「基礎的な地方公共団体」とされ、2000（平成12）年より清掃事業が都より移管、介護保険制度の導入もあって、調整率は52％（都が48％）となった。また、市町村税の中で、都に留保されてきた入湯税、ゴルフ場利用税交付金、航空機燃料譲与税が特別区に財源移譲された。特別区債については、都知事の許可を必要としていたが、分権改革による地方債許可制度の基本的廃止に伴い、2006（平成18）年より事前協議制となっている。（特別土地保有税は、2003（平成15）年度税制改正により、当分の間新たな課税は停止となっている）

　2007（平成19）年４月より、調整率は55％（都45％）、普通交付金は95％、特別交付金は５％となっている。また、2007（平成19）年度から2009（平成21）年度まで「たばこ税調整額」と「交付金調整額」を調整税の収入額に加算することとされた。

2　特別区の歳入・歳出

　特別区は、特別地方公共団体として、普通市よりも財源、機能が小さいものの、公選の区長、区議会をもっている。この点で、政令指定都市の行政区とは全く異なるものである。

　東京の23特別区は、人口規模、面積ともかなり差があるが、『類似団体別市町村財政指数表』ではまとめられているため、必然的に他の22区との比較によって財政状況をみることになる。普通会計の財政規模は人口規模の格差が大きいこともあって、人口４万人の千代田区400億円から81万人の世田谷区の2,000億円規模までかなり多様である。機能分担状況から、都市に比べ、概して投資的経費のウ

図表II-1　特別区財政調整交付金算定の仕組み
(図中の数字は、2003（平成15）年度フレームに基づく)

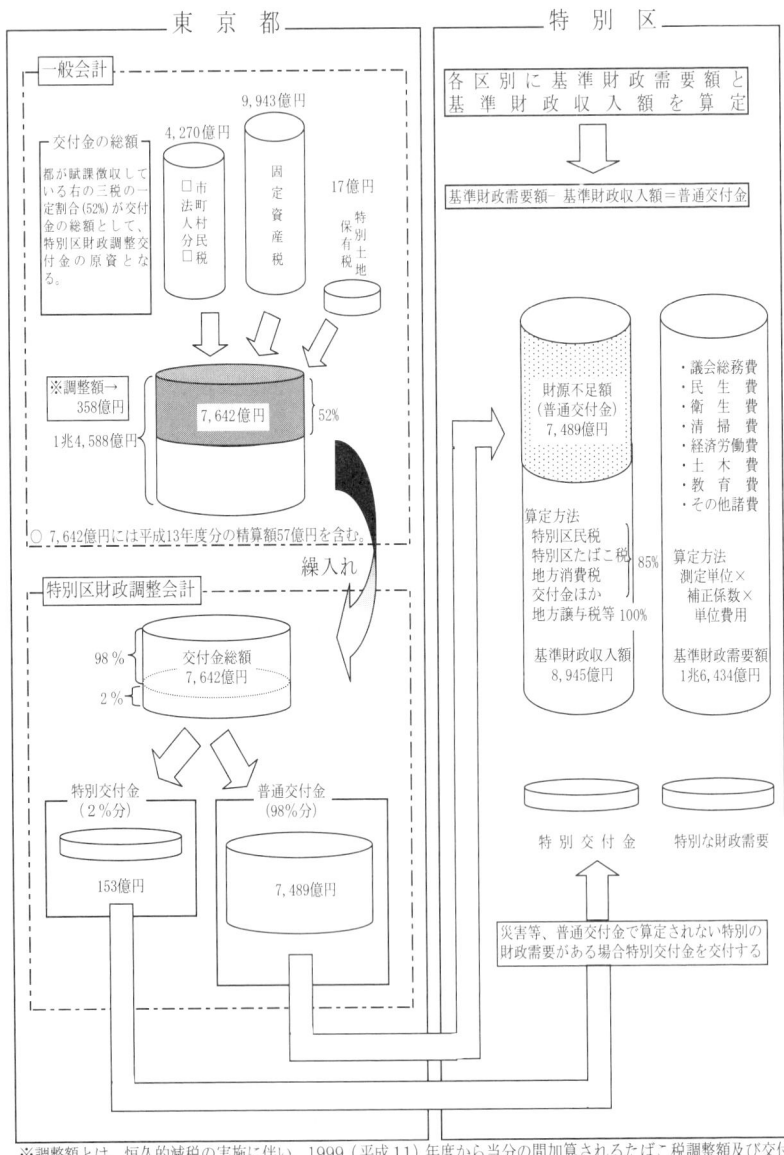

東京都

一般会計

交付金の総額：都が賦課徴収している右の三税の一定割合（52％）が交付金の総額として、特別区財政調整交付金の原資となる。

- 市町村民税法人分：4,270億円
- 固定資産税：9,943億円
- 特別土地保有税：17億円

※調整額→358億円
1兆4,588億円　7,642億円　52％

○ 7,642億円には平成13年度分の精算額57億円を含む。

繰入れ

特別区財政調整会計

交付金総額　7,642億円
98％　2％

特別交付金（2％分）：153億円
普通交付金（98％分）：7,489億円

特別区

各区別に基準財政需要額と基準財政収入額を算定

↓

基準財政需要額 － 基準財政収入額 ＝ 普通交付金

財源不足額（普通交付金）7,489億円

算定方法
- 特別区民税
- 特別区たばこ税
- 地方消費税交付金ほか
- 地方譲与税等

基準財政収入額　8,945億円
85％　100％

- 議会総務費
- 民生費
- 衛生費
- 清掃費
- 経済労働費
- 土木費
- 教育費
- その他諸費

算定方法
測定単位 × 補正係数 × 単位費用

基準財政需要額　1兆6,434億円

特別交付金　特別な財政需要

↑

災害等、普通交付金で算定されない特別の財政需要がある場合特別交付金を交付する

※調整額とは、恒久的減税の実施に伴い、1999（平成11）年度から当分の間加算されるたばこ税調整額及び交付金調整額のことである。

(注) 平成15年度フレームに基づくため、調整率は52％となっている
(出典) 東京都ホームページ。

ェートは小さく、義務的経費は大きい。また、地方交付税の算定上、特別区全体を市とみなし、東京都分も含め不交付団体ということとなるが、都区財政調整交付金としては、すべての区が交付団体、財政力指数は平均で0.6程度である。区の「決算状況調」における基準財政需要額、収入額は、都区財調による算定である。

こうした特殊性の故に、都心部の夜間人口が少なく、大企業が多く存在し、地価の高い区や、その住民から税制面など不満の声もあり、たとえば千代田区では、第三次長期総合計画の基本構想「千代田区第三次基本構想―千代田新世紀構想」(2001(平成13)年10月)で、普通地方公共団体「千代田市」を目指す構想を盛り込んだこともある。

地方自治法改正により、基礎的地方公共団体と位置づけられた特別区であるが、大都市行政の一体性・統一性確保のため、本来市の税である住民税法人分、固定資産税、特別土地保有税が都に留保され、一方、消防・上下水道などの事務処理権限も都に置かれたままとなっている。

基本構想では、①「千代田市」をめざし、新しい自治のあり方を発信する、②100万人を活力とする自治体「千代田」をつくる、の二本柱を掲げ、税負担と行政サービスの関係を明確にした区民サービスの充実、住民自治の確立、夜間人口のみでなく100万昼間区民や企業を対象とした行財政運営をするとした。

3 特別区の検討課題

三位一体改革の中、基礎的な地方公共団体として、自治機能を高めてきているところであるが、現状では、普通の市ではなく、政令指定都市になる可能性もない。より普通の市に近いものとなる方向で、都と区の役割について議論していく必要があろう。

都心区と周辺区では需要がかなり異なる。夜間には人の住まない都市がいかに異常なものなのかを再認識し、都心区では住みたくな

図表Ⅱ-2　特別区の決算状況

（単位：百万円、％）

区分	平成17年度 決算額	構成比	平成16年度 決算額	構成比	対前年度比較 増減額	増減率
歳入総額	2,906,862	100.0	2,757,457	100.0	149,405	5.4
一般財源	1,980,903	68.1	1,874,827	68.0	106,076	5.7
特別区税	828,724	28.5	787,472	28.6	41,253	5.2
うち特別区民税	747,911	25.7	704,991	25.6	42,920	6.1
地方贈与税	47,255	1.6	32,604	1.2	14,651	44.9
利子割交付金	13,301	0.5	14,233	0.5	△932	△6.5
配当割交付金	6,304	0.2	3,721	0.1	2,583	69.4
株式譲渡割交付金	9,292	0.3	3,895	0.1	5,397	138.6
地方消費税交付金	126,624	4.4	136,765	5.0	△10,141	△7.4
ゴルフ場利用税交付金	64	0.0	73	0.0	△9	△12.1
自動車取得税交付金	19,954	0.7	18,796	0.7	1,158	6.2
地方特例交付金	67,619	2.3	67,613	2.5	5	0.0
特別区財政調整交付金	860,228	29.6	808,091	29.3	52,137	6.5
交通安全対策特別交付金	1,538	0.1	1,566	0.1	△28	△1.8
特定財源	925,959	31.9	882,630	32.0	43,330	4.9
分担金及び負担金	26,162	0.9	25,939	0.9	224	0.9
使用料・手数料	88,517	3.0	87,966	3.2	551	0.6
国庫支出金	339,355	11.7	340,740	12.4	△1,385	△0.4
都支出金	134,134	4.6	125,235	4.5	8,899	7.1
財産収入	20,053	0.7	22,453	0.8	△2,400	△10.7
寄附金	4,315	0.1	6,323	0.2	△2,007	△31.7
繰入金	86,257	3.0	68,223	2.5	18,133	26.6
繰越金	90,390	3.1	78,846	2.9	11,545	14.6
諸収入	82,127	2.8	75,807	2.7	6,319	8.3
うち収益事業収入	0	0.0	1,150	0.0	△1,150	皆減
特別区債	54,548	1.9	51,098	1.9	3,450	6.8
うち減税補てん債	17,758	0.6	20,116	0.7	△2,358	△11.7
うち臨時財政対策債	—	—	—	—	—	—

（注）△は減

（単位：百万円、％）

区分	平成17年度 決算額	構成比	平成16年度 決算額	構成比	対前年度比較 増減額	増減率
歳出総額	2,795,392	100.0	2,653,503	100.0	141,889	5.3
義務的経費	1,411,315	50.5	1,413,596	53.3	△2,281	△0.2
人件費	673,505	24.1	693,425	26.1	△19,920	△2.9
うち職員給	479,683	17.2	488,753	18.4	△9,070	△1.9
扶助費	553,394	19.8	536,231	20.2	17,163	3.2
公債費	184,416	6.6	183,940	6.9	476	0.3
投資的経費	324,342	11.6	260,915	9.8	63,428	24.3
普通建設事業費	325,177	11.6	250,915	9.8	63,263	24.2
うち用地取得費	99,086	3.5	58,723	2.2	40,362	68.7
補助事業費	73,202	2.6	67,783	2.6	5,419	8.0
単独事業費	250,975	9.0	193,132	7.3	57,844	29.9
災害復旧事業費	165	0	―	―	165	皆増
失業対策事業費	―	―	―	―	―	―
その他経費	1,059,735	37.9	978,992	36.9	80,743	8.2
物件費	398,709	14.3	393,762	14.8	4,947	1.3
維持補修費	28,511	1.0	28,568	1.1	△57	△0.2
補助費等	170,410	6.1	162,501	6.1	7,910	4.9
積立金	170,308	6.1	102,898	3.9	67,410	65.5
投資及び出資金	1,436	0.1	652	0.0	783	120.1
貸付金	30,937	1.1	36,628	1.4	△5,691	△15.5
繰出金	259,424	9.3	253,982	9.6	5,441	2.1
前年度繰上充用金	―	―	―	―	―	―

出典　総務省ホームページ。

図表Ⅱ-3　2005（平成17）年度特別区普通会計決算の状況

主な財政分析指標

区分	歳入総額	歳出総額	歳入歳出差引	翌年度に繰越すべき財源	実質収支	単年度収支	実質単年度収支
団体名							
特別区計	2,906,862,386	2,795,391,565	111,470,821	10,799,128	100,671,693	12,069,817	63,086,918
千代田	45,267,493	42,652,541	2,614,952	310,936	2,304,016	884,675	3,239,204
中央	63,336,536	58,411,400	4,925,136	330,223	4,594,913	1,833,036	2,444,757
港	129,523,999	119,284,641	10,239,358	271,763	9,967,595	1,047,236	7,139,930
新宿	109,653,408	104,575,671	5,077,737	267,549	4,810,188	808,270	3,572,263
文京	71,442,859	67,917,695	3,525,164	325,318	3,199,846	54,291	3,659,488
台東	82,784,739	80,925,512	1,859,227	190,632	1,668,595	△127,564	964,126
墨田	86,911,738	83,630,068	3,281,670	420,676	2,860,994	823,017	2,208,895
江東	134,699,888	132,490,932	2,208,956	3,196	2,205,760	△1,703,728	2,784,015
品川	126,509,034	123,843,564	2,665,470	30,984	2,634,486	81,756	485,722
目黒	90,742,488	87,572,420	3,170,068	57,935	3,112,133	590,039	590,977
大田	206,171,350	198,859,409	7,311,941	78,293	7,233,648	△1,049,404	△1,047,667
世田谷	208,898,190	205,148,532	3,749,658	157,380	3,592,278	456,009	4,712,340
渋谷	89,601,562	81,030,012	8,571,550	3,127,583	5,443,967	△943,285	8,087,700
中野	95,676,305	91,397,864	4,278,441	65,137	4,213,304	1,335,964	4,494,537
杉並	138,780,699	131,637,285	7,143,414	415,823	6,727,591	1,544,114	6,347,124
豊島	91,254,316	89,194,403	2,059,913	559,907	1,500,006	△1,286,066	2,441,269
北	115,224,629	109,735,417	5,489,212	715,063	4,774,149	538,736	902,304
荒川	79,664,451	74,856,754	4,807,697	531,849	4,275,848	1,357,554	1,937,271
板橋	160,247,103	157,645,891	2,601,212	92,709	2,508,503	551,953	1,362,369
練馬	200,463,182	193,237,552	7,225,630	59,792	7,165,838	3,000,949	4,377,630
足立	223,465,989	218,283,202	5,182,787	440,220	4,742,567	△494,445	280,284
葛飾	146,093,509	141,417,602	4,675,907	3,017	4,672,890	1,186,681	5,666,985
江戸川	210,448,919	201,643,198	8,805,721	2,343,143	6,462,578	1,580,029	△3,564,605

（出典）東京都総務局ホームページ。

（単位：千円）

標準財政規模	積立金現在高	うち財政調整基金現在高	地方債現在高	実質収支比率	経常収支比率	起債制限比率(3ヵ年平均)	公債費比率	実質公債費比率	財政力指数
				%	%	%	%	%	
1,932,087,530	852,871,006	261,221,822	1,122,824,312	5.2	77.1	8.3	7.7	6.5	0.54
29,707,269	49,121,660	19,471,127	9,310,774	7.8	66.8	6.5	4.3	4.9	0.80
39,622,810	39,011,786	9,051,982	10,412,702	11.6	73.8	11.5	8.8	9.1	0.62
66,899,637	80,534,303	31,328,881	16,631,675	14.9	55.9	9.3	5.6	7.5	1.13
73,023,038	40,359,541	15,175,596	31,848,139	6.6	79.4	7.2	7.1	5.6	0.66
48,505,286	23,253,513	11,911,143	26,073,501	6.6	76.7	10.5	8.2	8.4	0.67
48,583,262	23,985,267	4,561,098	35,868,209	3.4	79.4	9.2	9.7	8.9	0.43
58,344,160	5,746,976	1,780,363	34,805,434	4.9	85.0	9.8	7.9	7.8	0.34
88,512,655	44,576,750	16,382,316	36,018,609	2.5	77.0	5.5	5.3	3.9	0.41
80,996,790	52,962,045	3,328,982	39,411,033	3.3	71.9	6.1	6.3	4.6	0.52
61,228,185	14,546,109	1,128,589	69,708,927	5.1	83.7	12.8	13.1	10.4	0.74
139,968,179	44,213,324	22,092,147	92,383,380	5.2	77.2	8.7	7.6	6.2	0.54
154,934,121	44,172,352	12,513,929	106,496,874	2.3	80.9	8.9	9.3	6.8	0.84
56,034,768	44,432,770	20,901,941	27,648,289	9.7	70.5	5.6	5.7	4.4	1.08
66,497,585	17,561,214	10,706,324	51,096,092	6.3	80.1	7.9	7.4	5.8	0.51
104,979,839	41,648,585	19,589,515	54,515,256	6.4	78.0	9.1	7.6	6.8	0.67
60,359,998	30,898,108	4,454,924	51,816,306	2.5	77.8	9.0	9.6	8.6	0.52
75,797,876	31,072,563	8,485,000	34,079,230	6.3	78.3	7.0	5.9	5.3	0.35
52,470,594	20,623,540	4,938,144	32,114,511	8.1	75.9	8.0	7.7	6.5	0.28
108,970,299	15,058,936	2,948,044	58,814,901	2.3	81.8	7.4	7.0	5.7	0.43
140,477,482	29,945,694	12,357,947	95,850,454	5.1	79.2	9.0	8.4	8.6	0.48
141,603,480	43,565,406	2,039,274	116,408,008	3.3	78.5	8.9	8.5	6.4	0.32
99,185,363	40,999,499	5,645,529	36,310,514	4.7	76.0	8.7	8.5	6.2	0.33
135,384,854	74,581,065	20,429,027	55,201,494	4.8	76.7	6.2	5.9	4.4	0.38

図表II-4 2005（平成17）年度東京都特別区普通会計決算：歳入内訳

区分団体名	1 地方税	2 地方譲与税	3 利子割交付金	4 配当割交付金	5 株式等譲渡所得割交付金	6 地方消費税交付金	7 ゴルフ場利用税交付金	8 自動車取得税交付金	9 地方特例交付金	10 特別区財政調整交付金	11 交通安全対策特別交付金	12 分担金負担金
千代田	14,519,864	540,145	148,966	71,200	106,928	9,008,523	0	465,941	766,405	6,203,803	33,240	277,562
中央	17,357,907	791,793	207,715	99,146	148,457	7,756,274	0	605,887	1,069,247	14,478,050	33,814	255,920
港	59,878,310	1,167,277	715,175	341,832	513,374	9,071,658	0	681,816	4,739,614	412,229	56,301	521,276
新宿	37,109,981	1,656,879	538,544	255,735	378,559	7,917,645	0	725,135	2,808,567	23,944,918	65,535	1,298,344
文京	26,602,193	989,889	413,135	195,743	288,293	3,276,240	0	414,537	2,284,298	16,165,126	30,397	819,769
台東	15,823,527	1,000,997	228,659	108,300	159,384	3,568,268	0	505,954	982,946	28,087,076	36,994	548,059
墨田	15,560,727	1,222,400	258,069	122,112	179,313	3,150,292	0	518,928	1,177,898	38,041,276	41,554	1,191,512
江東	30,126,526	2,134,475	475,203	225,740	334,438	5,228,172	35,097	909,398	2,199,636	49,639,020	64,607	1,977,674
品川	34,649,902	1,850,079	542,709	257,484	380,382	5,261,897	0	793,258	2,789,628	37,612,947	48,391	1,325,790
目黒	37,677,965	1,361,129	598,274	283,733	418,791	3,116,038	0	538,373	3,322,534	14,987,477	47,262	807,280
大田	60,647,814	4,385,257	1,012,940	479,560	705,074	7,744,773	0	1,412,602	5,001,549	61,375,754	111,136	2,344,332
世田谷	103,909,106	4,454,134	1,769,983	837,760	1,231,009	8,128,059	0	1,777,642	9,267,855	24,918,253	149,793	588,341
渋谷	45,926,548	1,246,817	654,313	311,132	461,961	5,668,466	0	621,861	3,851,567	526,725	58,101	804,804
中野	26,782,571	1,639,720	469,704	222,632	328,185	3,355,740	0	615,631	2,352,204	31,070,606	43,070	268,603
杉並	55,469,572	2,793,601	958,998	453,716	666,054	5,350,191	0	1,070,408	4,979,218	34,017,206	86,415	370,602
豊島	24,121,659	1,441,520	378,260	179,256	264,132	4,132,089	0	633,025	1,815,016	28,743,622	44,042	868,677
北	21,032,807	1,766,080	371,689	175,655	257,208	3,754,675	15,141	690,887	1,715,161	46,864,674	43,499	1,431,335
荒川	11,279,864	972,276	197,623	93,475	137,146	2,227,400	0	377,564	886,081	36,564,934	28,791	1,187,918
板橋	35,611,767	2,818,409	638,481	302,004	443,108	5,620,140	6,713	1,134,115	2,965,830	60,161,483	87,627	2,754,660
練馬	54,051,039	3,623,826	947,360	448,671	659,709	6,371,755	0	1,464,978	4,708,992	69,874,628	117,161	551,147
足立	35,065,693	3,511,290	617,457	291,622	426,419	6,358,937	6,994	1,503,473	2,673,526	91,859,559	121,601	2,259,290
葛飾	24,857,572	2,352,353	444,847	210,167	307,539	4,385,198	0	974,458	1,960,436	64,444,427	72,040	1,836,331
江戸川	40,661,530	3,534,488	712,783	337,543	496,568	6,171,370	0	1,518,204	3,300,550	80,234,187	116,578	1,873,171
特別区計	828,724,444	47,254,834	13,301,187	6,304,218	9,292,031	126,623,800	63,945	19,954,075	67,618,758	860,227,980	1,537,949	26,162,397

(単位：千円)

13	14	15	16	17	18	19	20	21	22		
使用料	手数料	国庫支出金	都支出金	財産収入	寄附金	繰入金	繰越金	諸収入	地方債	歳入合計	
2,459,354	622,794	3,458,309	1,353,398	914,198	443,527	380,948	1,929,164	1,563,224	0	45,267,493	千
4,020,090	823,800	3,506,788	1,737,188	1,280,255	76,092	2,113,719	3,070,672	3,903,722	0	63,336,536	中
3,337,109	915,282	6,133,745	4,043,378	910,343	208,841	24,823,793	4,466,041	6,586,605	0	129,523,999	港
3,049,911	1,050,785	14,990,243	5,192,923	1,108,569	117,290	44,242	4,606,228	2,546,875	246,500	109,653,408	新
1,910,390	462,027	5,068,797	2,941,134	450,130	135,977	3,312,752	3,367,264	1,120,268	1,194,500	71,442,859	文
2,368,795	740,097	15,120,100	4,724,134	495,834	106,684	816,150	2,005,828	4,796,953	560,000	82,784,739	台
2,008,560	547,908	11,323,101	4,187,799	1,044,226	121,570	1,812,319	1,640,634	1,389,140	1,372,400	86,911,738	墨
2,355,518	762,877	15,595,812	5,836,348	145,962	1,380,363	6,310,243	4,371,056	2,169,123	2,422,600	134,699,888	江
4,706,650	664,593	12,611,043	5,834,959	421,061	906,983	8,307,714	2,800,806	3,062,058	1,680,700	126,509,034	品
2,211,548	472,926	7,027,898	4,997,824	65,955	18,392	491,202	3,710,275	2,630,312	5,957,300	90,742,488	目
5,726,686	1,147,740	25,437,791	11,054,472	354,622	30,555	2,774,600	4,163,421	7,035,672	3,225,000	206,171,350	大
4,260,651	1,395,073	18,527,269	11,780,653	804,018	81,218	791,643	3,386,429	5,121,301	5,718,000	208,898,190	世
2,142,086	844,133	5,930,556	3,332,040	2,773,985	77,306	0	11,798,834	622,627	1,947,700	89,601,562	渋
2,073,130	586,504	10,769,702	4,035,403	455,306	13,499	795	2,879,709	2,288,591	5,425,000	95,676,305	中
3,224,082	841,872	12,126,975	6,541,423	251,199	22,512	2,242,593	5,339,166	1,167,896	807,000	138,780,699	杉
2,472,210	751,204	11,645,639	4,096,218	862,225	13,755	1,510,957	2,913,149	1,576,461	2,791,200	91,254,316	豊
2,657,644	561,961	15,911,443	4,731,553	1,879,027	215,421	4,752,027	2,552,133	3,194,309	649,200	115,224,629	北
1,658,347	352,369	11,379,732	3,464,741	216,895	6,766	1,552,144	3,202,354	2,927,831	950,200	79,664,451	荒
3,404,850	799,269	24,334,449	7,249,078	192,336	102,260	4,651,224	2,013,606	2,342,694	2,613,000	160,247,103	板
3,526,449	924,245	27,143,334	9,077,038	547,933	22,475	212,353	4,267,431	6,708,358	5,214,000	200,463,182	練
4,205,874	942,551	35,150,676	9,879,706	3,115,461	106,142	7,002,834	2,557,584	9,060,300	6,749,000	223,465,989	足
2,565,777	701,173	20,731,250	6,727,380	725,779	14,255	3,731,059	4,035,755	4,671,613	344,000	146,093,509	葛
4,305,923	954,514	25,430,374	11,315,230	1,038,011	93,477	8,720,807	9,302,642	5,650,569	4,680,400	210,448,919	江
70,651,634	17,865,697	339,355,126	134,134,020	20,053,330	4,315,360	86,356,918	90,390,481	82,126,502	54,547,700	2,906,862,386	計

Ⅱ 特別区（23区）の財政

図表II-5　2005（平成17）年度東京都特別区普通会計決算：歳出

区分団体名	1 人件費	うち職員給	2 物件費	3 維持補修費	4 扶助費	5 補助費等	6 普通建設事業費
千代田	11,695,504	8,270,498	7,146,311	652,547	2,413,202	3,780,667	7,178,533
中央	16,198,962	11,434,031	11,197,979	779,671	4,216,715	3,853,806	10,897,481
港	21,770,645	15,629,476	14,377,183	1,029,963	8,778,909	6,516,855	38,997,360
新宿	28,084,738	20,265,660	16,514,876	1,695,316	24,760,259	5,148,048	6,632,854
文京	19,403,867	13,317,062	10,745,218	420,002	7,575,172	4,066,250	7,141,399
台東	16,695,868	11,396,677	10,139,446	913,561	23,759,115	5,496,176	4,608,261
墨田	21,126,665	15,164,184	14,273,873	1,114,815	19,017,674	5,445,132	3,718,224
江東	30,143,300	21,360,499	18,521,178	2,598,472	26,167,542	8,894,187	13,797,151
品川	27,477,564	19,678,545	18,882,043	1,231,968	18,017,668	5,820,566	25,420,087
目黒	23,913,387	16,794,785	12,665,677	1,018,744	11,427,960	5,049,583	9,831,396
大田	48,499,892	35,723,206	24,599,579	2,499,930	45,599,674	10,314,962	17,056,064
世田谷	52,012,079	37,033,955	38,471,008	1,515,908	29,345,101	16,052,808	26,704,897
渋谷	22,705,829	16,807,060	11,850,904	384,318	9,636,457	4,551,887	12,199,129
中野	26,007,881	19,702,472	12,481,221	957,393	17,975,231	4,617,003	5,765,374
杉並	39,660,908	27,470,293	22,352,274	1,027,606	21,658,273	7,272,245	8,329,433
豊島	24,035,388	16,855,916	12,040,415	253,911	14,751,128	4,184,646	12,358,693
北	26,875,458	19,039,647	16,659,163	981,024	25,097,047	5,354,711	6,592,501
荒川	16,859,932	11,611,367	9,973,026	480,508	17,042,162	4,117,040	7,611,258
板橋	37,292,643	27,023,598	24,393,923	941,775	44,229,523	11,967,365	11,726,374
練馬	48,533,679	35,507,000	24,428,052	2,672,724	41,532,680	11,370,305	24,299,923
足立	41,015,510	27,861,958	26,989,704	1,186,357	58,827,464	14,161,773	25,277,576
葛飾	33,198,079	23,384,251	15,130,069	1,308,584	34,371,139	7,565,394	13,702,997
江戸川	40,297,376	28,350,461	24,575,759	2,845,646	47,194,183	14,808,838	24,330,386
特別区計	673,505,154	479,682,601	398,708,881	28,510,743	553,394,278	170,410,247	324,177,351

(性質別）内訳

（単位：千円）

うち用地取得費	7 災害復旧事業費	8 失業対策事業費	9 公債費	10 積立金	11 投資及び出資金	12 貸付金	13 繰出金	歳出合計	
756,760	0	0	1,361,717	5,557,703	201,000	1,024,396	1,640,961	42,652,541	千
439,989	0	0	3,633,001	3,114,803	0	1,296,445	3,222,537	58,411,400	中
29,861,086	0	0	10,025,230	10,802,864	80,000	477,481	6,428,151	119,284,641	港
510,224	0	0	5,599,799	5,312,189	0	1,611,761	9,215,831	104,575,671	新
1,800,469	0	0	4,259,491	8,463,529	0	33,907	5,808,860	67,917,695	文
0	0	0	5,022,254	1,396,719	0	3,931,307	8,662,805	80,925,512	台
26,387	0	0	5,339,749	4,132,267	0	57,250	9,404,419	83,630,068	墨
626,500	0	0	6,610,799	13,312,291	80,000	620,661	11,745,351	132,490,932	江
3,162,701	0	0	5,505,296	9,775,677	1,026,000	246,494	10,440,201	123,843,564	品
2,157,832	0	0	11,788,584	3,064,503	0	1,506,845	7,305,741	87,572,420	目
6,471,165	0	0	17,366,741	6,781,980	0	5,462,358	20,678,229	198,859,409	大
8,933,016	0	0	16,035,031	4,958,121	0	1,310,691	18,742,888	205,148,532	世
915,730	0	0	3,425,735	9,113,348	0	44,868	7,117,537	81,030,012	渋
2,824,091	68,398	0	9,598,671	5,095,596	0	141,560	8,689,536	91,397,864	中
158,740	96,294	0	8,758,435	9,271,467	2,000	159,674	13,048,676	131,637,285	杉
2,784,982	0	0	6,275,545	6,306,192	5,000	196,213	8,787,272	89,194,403	豊
1,533,986	0	0	5,957,469	7,884,896	0	2,248,870	12,084,278	109,735,417	北
329,273	0	0	4,418,829	4,839,684	0	2,140,375	7,373,940	74,856,754	荒
4,814,607	0	0	8,437,922	1,843,542	0	434,999	16,377,825	157,645,891	板
10,246,214	0	0	13,907,425	6,640,625	0	2,048,702	17,803,437	193,237,552	練
11,494,814	0	0	13,202,834	14,163,906	41,800	1,284,133	22,132,145	218,283,202	足
4,031,055	0	0	9,176,849	9,377,773	0	3,609,375	13,977,343	141,417,602	葛
5,206,164	0	0	8,708,101	19,098,785	0	1,048,383	18,735,741	201,643,798	江
99,085,785	164,692	0	184,415,507	170,308,460	1,435,800	30,936,748	259,423,704	2,795,391,565	計

Ⅱ 特別区（23区）の財政

るまちづくり、公共サービスのあり方を考え、昼間人口向けサービスと夜間人口向けサービスとの融合、昼間人口をいかにコミュニティに取り込むか、負担者としても取り込めるかが課題となる。また、

周辺区では居住環境と福祉に留意して個人向け経常的サービスをいかに進めていくかに重点が置かれるべきである。

4 都内市町村財政との相違点

2005（平成17）年の都内市町村と特別区を比較してみよう。

歳入面では、市町村は、地方税が51.5％、地方交付税が2.8％、国庫支出金10.7％、地方債5.5％であり、特別区の平均では、特別区税が28.5％、特別区財政調整交付金が29.6％、国庫支出金11.7％、特別区債が1.9％である。したがって、特別区は、自らの税に頼る割合が少なく、都と税源を共有している財政調整交付金に頼る部分が大きいのが特徴である。これを合わせると58.1％になり、都内市町村を上回る。一般財源で比較しても、特別区68.1％、都内市町村では63.3％となる。また、特別区は、起債に頼る部分が近年とくに少ない傾向があり、地方債発行が全くない区もある。

性質別歳出をみると、市町村では、人件費20.5％、扶助費19.1％、公債費8.1％であり、義務的経費は47.7％、また投資的経費は10.7％である。特別区は、人件費24.1％、扶助費19.8％、公債費6.6％であり、義務的経費としては50.5％、投資的経費11.6％となる。また、補助費等は市町村11.2％に対し特別区は6.1％であり、特別区では少ない傾向にある。

事務配分の関係から、特別区の人件費比率が高いことが特徴といえ、特別区の場合、一般の市に比べ人件費が若干多くても問題はないものといえる。一方、特別区の地方債は極めて少なかったところであるが、投資的経費についてはむしろ特別区の方が大きい状況にある。

III 政令市財政の読み方

1 指定都市の制度と機能

　戦前より横浜市、名古屋市、京都市、大阪市、神戸市の5大都市と東京市（昭和18年に東京都となる）を加えた6大都市は、戦後の地方自治法で特別市として規定された。しかし、都道府県の区域外とする条項が盛り込まれていたため、結果的には、特別市の規定は1956（昭和31）年に改正されて、指定都市制度が導入され、前記の5大都市が最初の指定都市となった。大都市制度は合理的で効率的な運営と市民福祉の増進を図るために設けられた制度である。

　指定都市（以下、政令市とする）とは、まさに政令で指定する市であり、政令指定都市や政令市などと呼んでいる。政令市は地方自治法では「政令で指定する人口50万人以上の市」と規定されているが、実際には人口100万人程度が指定の要件であった。しかし、平成の大合併において要件が緩められ、70万人程度の人口が将来見込まれ行政能力など既存の政令市と比較してそん色ないことなどの要件を満たしていれば、政令市として指定されてきた。政令市は先の5都市からその後に札幌市、仙台市、川崎市、広島市、北九州市、福岡市が指定され、久しく政令市は12市であった。そして平成の大合併により、さいたま市からはじまって静岡市、堺市、新潟市、浜松市が指定を受け2007（平成19）年4月現在、17市が政令市となっている。

　政令市の人口は、最大の横浜市360万人から最小の静岡市71万人まで5倍の開きがある。政令市の居住人口は全人口の2割を占めて

図表Ⅲ-1　政令市の状況（2007（平成19）年4月現在）

		指定日	人口 人	面積 km²	人口密度 人/km²
1	札幌市	1972.4.1	1,888,953	1,121.12	1,684.88
2	仙台市	1989.4.1	1,027,329	783.54	1,311.14
3	さいたま市	2003.4.1	1,182,744	217.49	5,438.15
4	千葉市	1992.4.1	930,388	272.08	3,419.54
5	横浜市	1956.9.1	3,602,758	437.38	8,237.13
6	川崎市	1972.4.1	1,342,262	142.70	9,406.18
7	新潟市	2007.4.1	812,631	726.10	1,119.17
8	静岡市	2005.4.1	712,170	1,388.78	512.80
9	浜松市	2007.4.1	807,073	1,511.17	534.07
10	名古屋市	1956.9.1	2,223,148	326.45	6,810.07
11	京都市	1956.9.1	1,472,511	827.90	1,778.61
12	大阪市	1956.9.1	2,635,420	222.11	11,865.38
13	堺市	2006.4.1	832,142	149.99	5,547.98
14	神戸市	1956.9.1	1,528,687	552.15	2,768.61
15	広島市	1980.4.1	1,157,846	905.01	1,279.37
16	北九州市	1963.4.1	990,585	487.66	2,031.30
17	福岡市	1972.4.1	1,414,417	340.60	4,152.72

　いる。一方、人口密度は、最大の大阪市11,865人から最小の静岡市512人まで20倍以上の開きがある。政令市といっても人口密集都市ばかりではない。

　政令市に指定されると、市域を複数の行政区に分けて区役所を設置することができる。ただし、東京都の特別区が設置する区役所は特別地方公共団体で市と同様の事務権限をもち議会も設置しているが行政区は支所としての機能しか有しない。政令市の事務については、地方自治法で大都市特例の規定で都道府県の事務のいくつかが委譲されている。例えば、児童福祉、生活保護、母子保健、食品衛

生など市民の健康や福祉に関する多くの事務、また都市計画、土地区画整理事業などについても委譲されている。関与については知事から主務大臣の監督となる。

大都市制度として政令市以外にも、人口規模等により中核市と特例市が地方自治法により指定され、それぞれ都道府県から一定の権限が委譲されている。

図表Ⅲ-2　政令市と中核市

	政令市	中核市
要件	人口50万人以上で政令で指定する市	人口30万人以上で政令で指定する市 （2005年4月 35市）
事務配分の特例	都道府県が処理する事務のうち 社会福祉事業、児童福祉、老人福祉、生活保護、母子保健、食品衛生、都市計画、土地区画整理事業などに関する事務を委譲	政令市が処理する事務のうち道路法に関する事務、児童相談所の設置 などを除く
関与の特例	知事の監督を要する事務に監督の必要をなくし、または知事の監督に代えて主務大臣の監督となる	福祉に関する事務以外は原則として関与の特例はない
行政組織上の特例	行政区の設置が認められる	行政組織上の特例はない
財政上の特例	地方税中 地方譲与税の割増 宝くじの発行 普通交付税の態様補正	普通交付税の態様補正

2 政令都市の財政状況

　経済理論では、一般的には規模が大きいほど効率的であり、いわゆる規模の利益を享受できるとされている。しかし、自治体に関しては、必ずしも人口と面積の規模が大きいからといって規模の利益には与れない。実証分析では、人口20万人から30万人程度の都市で行政コストが最も安くなるという結果もあるが、面積や地勢、産業

図表Ⅲ-3　政令市財政比較分析（平成17年度決算）

		財政力 （財政力指数）	財政構造の弾力性 （経常収支比率） ％	人件費・物件費の適正度 （1人当り人件費・物件費）円	給与水準の適正度 （ラスパイレス指数）	公債費負担の健全度 （実質公債費比率）　％	将来負担の適正度 （1人当り地方債残高）円
1	札幌市	0.67	96.7	107,998	98.6	14.0	557,867
2	仙台市	0.81	95.9	119,967	101.7	18.9	708,476
3	さいたま市	0.97	84.9	112,713	100.0	12.2	299,149
4	千葉市	0.97	94.8	124,040	100.3	23.0	751,055
5	横浜市	0.93	93.6	97,187	100.6	23.3	660,766
6	川崎市	1.02	85.8	122,236	102.4	17.9	681,365
7	静岡市	0.87	81.8	110,772	102.0	15.2	453,951
8	名古屋市	0.97	95.3	132,126	100.9	21.0	796,233
9	京都市	0.67	93.5	130,589	100.9	18.0	764,865
10	大阪市	0.87	101.7	169.086	100.1	17.4	1,150,762
11	神戸市	0.64	97.5	128,123	101.6	24.0	930,554
12	広島市	0.77	96.0	124,175	98.8	21.1	781,763
13	北九州市	0.64	91.3	130,998	96.7	11.8	858,606
14	福岡市	0.79	91.7	116,396	99.7	21.9	995,492

資料：総務省ＨＰより。

構想などの相違を考慮すると一概にはいえない。

政令市の財政状況（17年度決算であるため14市）をみながら様子を探ってみよう。財政力指数が最も高いのは川崎市で政令市では唯一不交付団体である一方、札幌市や北九州市など地方圏は財政力は弱い。弾力性では大阪市が100％を超えてレッドゾーンにあるほか、神戸市や広島市が100％に近くかなり硬直化している。これに応じて1人当り人件費と物件費が大阪市が最も高く、神戸市と広島市も高い値を示している。さらに1人当り地方債残高も大阪市は百万円を超えている。

政令市は都道府県なみの行政権限を持ち、市長も相応の政治力を発揮しながら運営している。その結果、過去の負債を引きずりながらいまだに困難な財政運営を強いられている様子が窺える。

3 道州制の姿

地方分権の進展とともに、地方制度のあり方が議論されている。地方分権の受け皿として、市町村レベルでは規模の拡大が平成の大合併により進められ、3,200台から1,800台に市町村数が減少した。政令市も合併により新たに5市が指定を受けた。そして次に都道府県レベルの再編として、道州制が議論され始めた。2006（平成18）年3月に地方制度調査会が、道州制への移行を取り上げ、また自民党でも道州制部会を立ち上げて、道州制への移行の是非を含めて議論している。

現在のところ、道州の機能についてはほとんど議論されていないが、区割りは北海道のほか本州と九州を8から12とする案などが提案されている。図表4は10道州の試算である。やはり東京都と関東のシェアが大きくなるが格差はそれほど大きくない。道州制の目的も財政の効率化と有効化であり、また責任の所在を明確にして、地方行政をスリム化することにある。今後の動向を注視しながら、大都市制度のあり方とともに道州制も考えていかなくてはならない。

図表Ⅲ-4　2004（平成16）年度決

11道州	地方税総額（千円）	シェア（%）	人口	シェア（%）	1人当税収（円）	1当指数（全国=100）
北海道	527,402,541	3.5	5,632,133	4.4	93,642	94
東北州	865,892,218	5.8	9,704,279	7.6	89,228	89
関東州	3,078,455,775	20.5	28,672,642	22.6	107,366	107
東京都	2,989,483,815	19.9	12,168,247	9.6	245,679	246
北陸州	898,965,574	6.0	8,631,098	6.8	104,154	104
東海州	1,957,426,360	13.0	14,800,907	11.7	132,250	132
近畿州	2,329,233,708	15.5	20,648,554	16.3	112,804	113
中国州	756,280,518	5.0	7,688,145	6.1	98,370	98
四国州	370,546,808	2.5	4,141,955	3.3	89,462	90
九州	1,241,813,914	8.3	14,781,437	11.7	84,012	84
合計	15,015,501,231	100.0	126,869,397	100.0		
最大最小格差		8.3		6.9	2.9	2.9
平均	1,501,550,123	10.0	12,686,940	10.0	115,697	116
標準偏差	1011690124	6.7376	7462319.608	5.8819	47795.75	47.82014
変動係数	0.67	0.67	0.59	0.59	0.41	0.41

算ベースによる10道州制試算

交付税（千円）	シェア(%)	地方税＋交付税	シェア(%)	1人当一般財源（地方税＋交付税）	1人当指数（全国＝100）
686,714,541	7.4	1,214,117,082	5.0	215,570	101
1,290,893,260	13.9	2,156,785,478	8.9	222,251	69
1,117,211,596	12.0	4,195,667,371	17.2	146,330	69
1,091,205,621		2,989,483,815	12.3	245,679	115
588,090,944	11.7	1,990,171,195	8.2	230,581	108
1,292,225,478	6.3	2,545,517,304	10.5	171,984	81
ー	13.9	3,621,459,186	14.9	175,386	82
901,594,636	9.7	1,657,875,154	6.8	215,640	101
608,321,013	6.5	978,867,821	4.0	236,330	111
1,731,910,502	18.6	2,973,724,416	12.2	201,180	95
9,308,167,591	100.0	24,323,668,822	100.0		
	2.2		4.3	1.7	1.7
1,034,240,843	11	2,432,366,882	10.0	206,093	97
378834660.6	4.0699	1033200586	4.2477	32015.9509	15.04969
0.37	0.37	0.42	0.42	0.16	0.16

図表Ⅲ-5　10道州制　試算

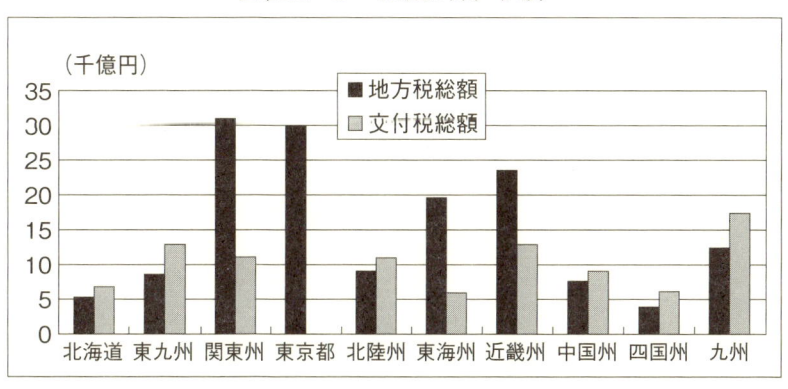

IV 都市財政の読み方―渋川市の財政

1 合併前の歳入と歳出から

　2006（平成18）年の合併以前の群馬県渋川市の人口規模は、平成になってから4万6～7千人ほどで横ばい状況。昭和40年代から比較しても、毎年1％程度のプラス、マイナスを経験する程度で推移してきている。昼夜間人口についても大きな差はなく、昼間人口が夜間人口を1,800人ほど上回る水準であり、第3次産業を中心とする比較的静態的な地方都市であった。静態的ということは、財政の数値にもみられており、ここ数年についてみても、あまり数値に変化はみられていなかった。

　1998（平成10）年度の決算統計について、類似団体と比較をみよう。地方税はほぼ横ばいであるが、このところ徴収率が落ちてきているのが気になるところであり、平成10年度、91.8％である。歳入面でみて、普通会計歳入に占める地方交付税（渋川12.9％、類団19.8％）と国庫支出金（渋川7.8％、類団10.6％）のウェイトがかなり低く、地方債のウェイト（渋川14.5％、類団8.6％）がかなり高いことが特徴といえる。また、人口が類団と同等、面積はかなり小さいが、財政規模については、215億。類似団体の171億に比べて25％も大きくなっていた。

　歳出構造では、性質別でみて、人件費、扶助費、公債費の義務的経費、また維持補修費などを含めた経常的経費は決して高くない。一方で、普通建設事業費の33.3％（類団19.0％）、とくに単独事業の19.8％（類団13.3％）にみるように、かなり大きなものであった。

　市債現在高が182億円。類団の167億円を焼く1割上回っている。

2000（平成12）年9月現在では243億円となったが、地域総合整備事業債の積極的利用もあり、その半分以上は交付税で財源措置されるものとなっている。投資的経費の大きさは、今のところ、公債費の負担に重圧とはなっていないようであるが、将来的には、充分に考慮していく必要があるだろう。

2 合併直後の都市財政

　2006（平成18）年2月、渋川市は、北橘村・赤城村・子持村・小野上村・伊香保町との合併により、人口規模は4万人の増加、8万7千人となった。

　合併後に作成された2005（平成17）年度の決算統計について、合併前の2004（平成16）年度の数値と比較をみよう。

　地方税は40億円ほど増加し109億円となったが、歳入歳出規模がほぼ倍になったことを受けて、構成比は37.7％から29.0％となった。地方交付税は13.8％から22.3％に増加したため、一般財源の構成比としては58％台で変化はない。

　歳出構造では、性質別でみて、人件費、扶助費、公債費の義務的経費、また維持補修費などを含めた経常的経費に大きな変化はないが、一方で、普通建設事業費を中心とする投資的経費が11.2％から17.9％へ、大幅に増えている。ほとんどなかった補助事業が4ポイント増えたことがその主な要因である。また構成比の8％を占めた積立金はほとんど取り崩され、繰出金は7.2％から10.1％へと伸びている。新設合併ではあるものの、中心となる都市の負担の重さを示している。

　2005（平成17）年度の数値で、都市類型Ⅱ-1の類似団体と比較してみると、かつては、普通会計歳入に占める地方交付税比率がかなり低いことが渋川市の特徴であったが、合併後の新「渋川市」は、地方税（渋川29.0％、類団29.5％）、地方交付税（渋川22.3％、類団23.6％）となり、いずれも類似団体とほぼ同等となった。国庫支出

金と地方債は類似団体を下回っている。

歳出構造では、性質別でみて、人件費、扶助費、公債費の義務的経費、また維持補修費などを含めた経常的経費は類似団体に比べ概して高くない。一方で、繰出金と投資的経費は若干上回っており、普通建設事業費の17.9%（類団15.3%）、とくに単独事業の13.1%（類団9.1%）にみるように、かなり大きなものとなっている。

財政力指数も平成16年0.74から0.56へと下がり、合併関連経費もあって合併直後は当面苦しいところとなるが、今後の好転に期待がもたれている。また、これまでも類似団体より多かった市債現在高を減らしていくことは重要であろう。

図表Ⅳ-1　市町村財政比較分析表（平成16年度決算）合併前

群馬県 渋川市

人　　口	47,552 人(H17.3.31現在)
面　　積	51.59 km²
歳入総額	17,822,807 千円
歳出総額	17,510,384 千円
実質収支	227,159 千円

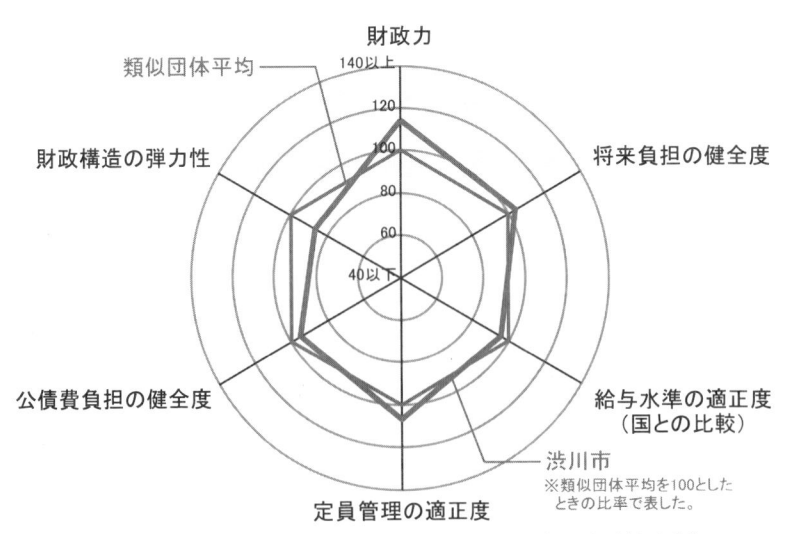

※類似団体とは、人口および産業構造等により全国の市町村を88のグループに分類した結果、当該団体と同じグループに属する団体を言う。

図表Ⅳ-2　市町村財政比較分析表（平成17年度普通会計決算）合併後

群馬県 渋川市

人口	87,396	人(H18.3.31現在)
面積	240.42	km²
歳入総額	37,722,438	千円
歳出総額	35,874,832	千円
実質収支	1,724,527	千円

Ⅳ　都市財政の読み方―渋川市の財政

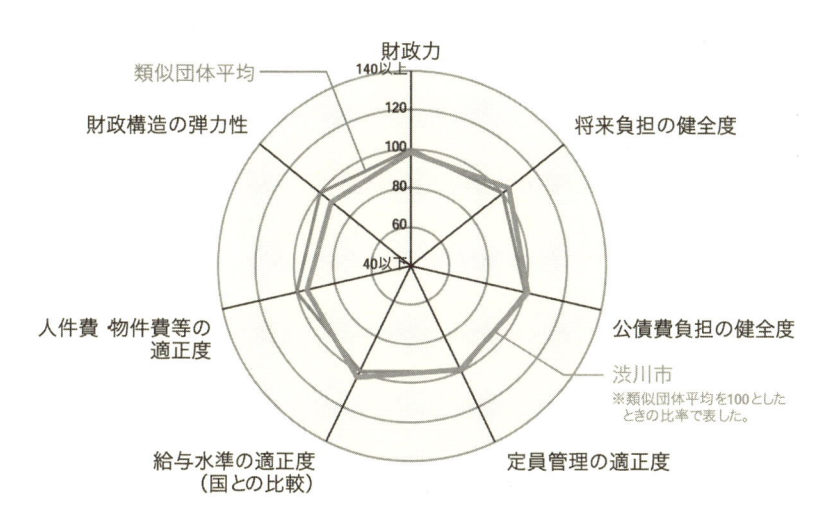

レーダーチャートの項目：
- 財政力
- 将来負担の健全度
- 公債費負担の健全度
- 定員管理の適正度
- 給与水準の適正度（国との比較）
- 人件費 物件費等の適正度
- 財政構造の弾力性

類似団体平均／渋川市
※類似団体平均を100としたときの比率で表した。

※類似団体とは、人口および産業構造等により全国の市町村を35のグループに分類した結果、当該団体と同じグループに属する団体を言う。

— 179 —

V 町村財政の読み方―合併した小規模自治体

1 概用

　人口は異なるが、気候、産業ともに似た熊本県の海沿い二つの町が合併し、2005（平成17）年1月1日より新「芦北町」となった。

　旧田浦町・旧芦北町は、熊本県の南部に位置し、南北の水俣・八代との境を山々に隔てられ、東側は球磨川を境とし、西側は八代海に面している。東西南北を山、川、海によって区切られた一つの領域になっている。この地域にはさほど高い山はないが、標高200〜900m前後の山々が連続しているため、平地が少なく、両町とも面積の約80％が山林となっている。両町とも温暖な気候と風光明媚なリアス式海岸の景観を利用した第一次産業を中心に、関連した第三次産業に力を入れている町ということができる。

　人口は、2000（平成12）年度国勢調査によると、旧田浦町は5,352人、旧芦北町は17,021人で、合計22,373人である。両町とも減少傾

図表V-1　旧田浦町と旧芦北町の産業構造
2003（平成15）年度

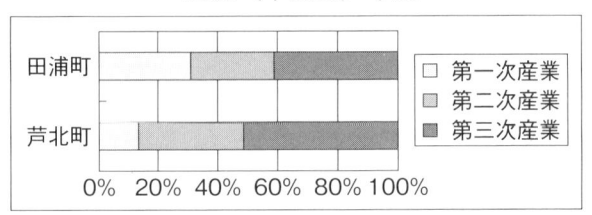

（出典）旧田浦町、旧芦北町決算カードより

向にあり、今後も減少をいかに防ぐかが課題となっている。人口ピラミッドも1965（昭和40）年度は星形の人口構成だったのが、2000（平成12）年度では、つぼ型の人口構成に変わっている。

2 歳入分析

合併後の2005（平成17）年度、歳入119億4,397万8千円のうち地方税11.9％、地方交付税交付金35.1％、国庫支出金8.3％、地方債18.8％となっている。図表2,3は、地方税に占める固定資産税、町民税の割合を示している。

図表Ⅴ-2　固定資産税の推移

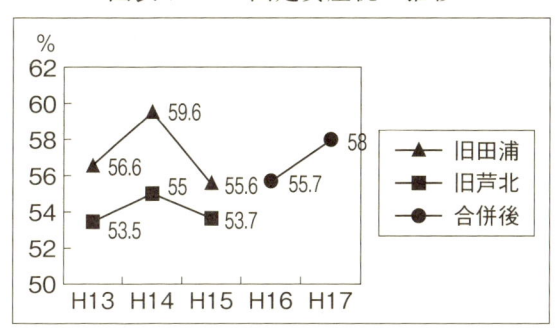

	H13	H14	H15	H16	H17
旧田浦	56.6	59.6	55.6		
旧芦北	53.5	55	53.7		
合併後				55.7	58

（出典）旧田浦町、旧芦北町、芦北町決算カードより

図表Ⅴ-3　町民税の推移

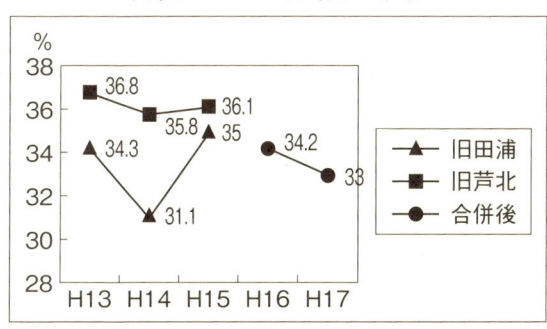

	H13	H14	H15	H16	H17
旧田浦	34.3	31.1	35		
旧芦北	36.8	35.8	36.1		
合併後				34.2	33

（出典）図表Ⅴ-2に同じ

（1）地方税

　地方税は地方団体の財政自治を保障する自主財源である。町民税は合併後において特に大きな変化はみられない。固定資産税は、特定の償却資産を除き市町村の規模に応じ概ね普遍的に存在するという性格の通り、合併後でも安定した税収を得ている。地方税に占める各税のウェイトは、概して、旧田浦町の数値に近いものとなった。

　旧田浦町の税収で注目したいのが入湯税である。平成9年にオープンした御立岬公園内にある温泉センターの影響で平成9年から安定した税収を得ていたが、平成16年内の合併後16、17年度と図表4のように減少した。これは、入湯税を日帰り客、宿泊者から徴収していた制度を合併後は、宿泊者からのみ徴収する旧芦北町の制度に旧田浦も統一したためである。小規模自治体としては重要な財源であり、再考が望まれる。また、16年度に旧葦北町内の温泉施設であるブルーマリンあしきたが休館したことも理由として考えられる。

　また歳入全体における地方税の構成比は毎年10％前後であり、今後とも地方自治の根幹を成す自主財源の確保をいかに行っていくかが課題である。

図表Ⅴ-4　入湯税の動向

（単位：千円）

	H13	H14	H15	H16	H17
旧田浦町	6,359	5,959	6,491	5,380	722
旧芦北町	1,075	907	1,098		

（出典）図Ⅴ-1に同じ

（2）地方交付税交付金

　合併前後を比較しても田浦町、芦北町共に地方交付税は財政に大きな役割を占めている。合併した平成16年度の決算では平成15年度

図表Ⅴ-5　交付税金額の動向

（単位：$\frac{百万円}{\%}$）

	H13	H14	H15	H16	H17
芦北	3,672	3,505	3,335	4,894	4,194
交付税/歳入	43.0	39.4	40.8	39.0	35.1
田浦	1,708	1,611	1,482		
交付税/歳入	50.9	44.5	43.2		

（出典）図表Ⅴ-2に同じ

　の田浦と芦北の交付税を合わせた額になっているが、平成17年度になって48億9,415万円が41億9,428万円と約7億円も減額されているのに注目したい。

　これは平成17年度に発行された減税補てん債の影響である。この年は九州新幹線償却資産に係る減収見込み額の7億9,520万円を国が補てんした。このため基準財政収入額が増加した結果、交付税の額が減額された。当面、借り入れが増えることになるが、後年度、償還の際は交付税参入されることになる。九州新幹線の完成は財政に多大な影響を与え、固定資産税も約1億円の増収になっている。人口は平成17年度の国勢調査において1,500人ほど減っている。地方税の収入額は人口と関係するのでこれ以上の税収を得ることは困難になると思われる。全国的に交付税の減額が予想されるところであるが、今後も交付税が町の財政には欠かせないものになるとみられる。

（3）国庫支出金

　最近5年間の田浦・芦北両町の国庫支出金を見てみると図表6のようであり、額は上昇傾向にある。

　この理由として芦北町は平成13年度から15年度にかけて道の駅物産館「肥後うらら」の建築や平成16年度には芦北海浜総合公園の完成など積極的に観光スポットの開発などを行っていることがあげら

図表Ⅴ-6　国庫支出金の決算額

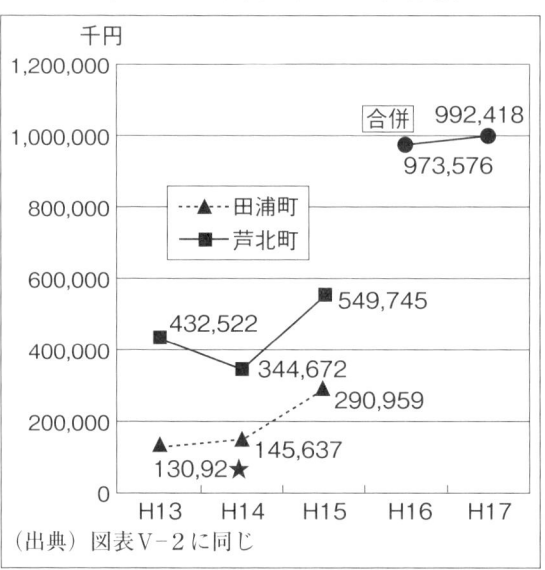

れる。他にも平成14年度に発生した大型台風で受けた災害復旧などに使用されている。

(4) 地方債

　健全な財政運営の観点に立つと問題は残るが、大規模事業などを伴う場合、地方債の起債は財源の年度間調整などの役割も果たすため非常に重要ではある。ただ、その後の債務負担が長期にわたるため、後年度の財政硬直化を招かぬようにするのが肝要である。

　田浦・芦北町歳入総額における地方債構成比のグラフ図表7はここ5年間における歳入総額に占める割合である。このグラフにおいて平成13～15年度の構成比の高さが顕著であるが、芦北町では芦北海浜公園の建設、田浦町では海浦漁港、田浦町物産館の建設によるものであると考えられる。　平成16～17年の合併後増加した理由として佐敷小学校の建設が合併特例債で資金調達された。地方債の内訳は過疎対策事業債、合併特例債、臨時財政対策債の3つがメインである。平成17年度から平成18年度にかけては佐敷小学校の建て替

図表Ⅴ-7 歳入における地方債の決算額と地方債構成比の推移

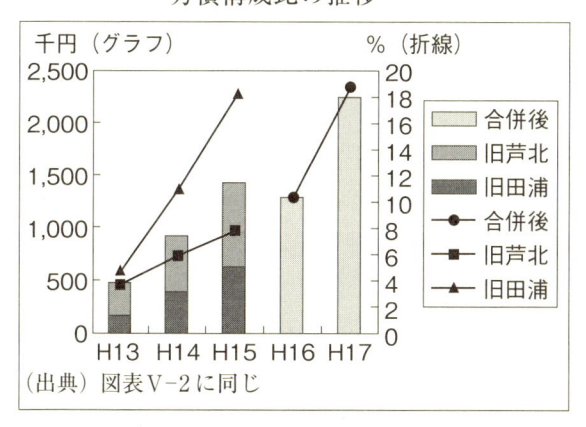

(出典)図表Ⅴ-2に同じ

図表Ⅴ-8 地方債現在高の推移

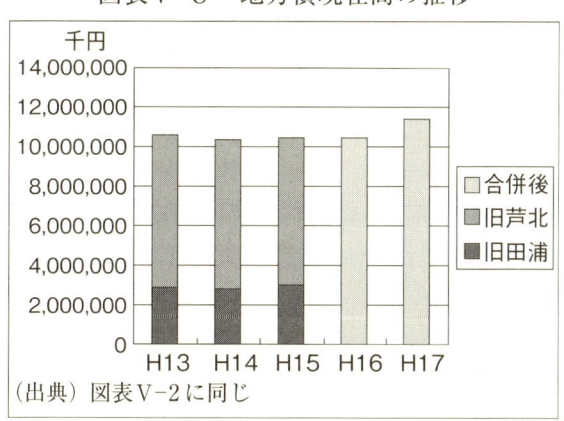

(出典)図表Ⅴ-2に同じ

えを行っており、これには合併特例債が発行され、地域の特徴を生かした木造の施設の建設に利用した。交付税措置とはいっても、今後、交付税制度が不透明な中で、将来の財政は一段と厳しくなる恐れがあり、現在高の管理は重要である。

3 歳出分析

（1）目的別経費

　合併前の旧田浦町、旧芦北町と合併後の芦北町の歳出について、人口一人当たりではいくら使っているのか調べてみる。これにより、合併したことが歳出面でどんなメリットをもたらし、どの様なデメリットをもたらしているのかがみえてくる。今回は合併前の2年間と合併後の2年間を比較して経費の傾向をみてみよう。

　合併前の特徴でいうと、平成14年度の旧田浦町の農林水産業費が一人当たり156,981円で、平成15年度の94,182円を上回っている。これは平成14年度に、物産館「肥後うらら」を建設したことによるものである。また平成14年度の旧芦北町の総務費が一人当たり143,000円で、平成15年度の73,988円のおよそ2倍多い。これは新幹線の路線の周りが渇水になったことにより、ため池を造ったためである。これを自治体の行政部署でやったため、総務費が増加した。

　合併後の特徴は、平成17年度の教育費が一人当たり69,802円で、平成16年度の36,985円の2倍近く増えている。これは以前から旧芦北町に危険な校舎が多かったため、その校舎を直し、建設する費用がかかったからである。

　目的別経費で見ると、旧芦北町にとっては合併前と合併後でそれほど顕著な変化は見られない。旧田浦町にとっては議会費や農林水産業費など、一人当たりの歳出が減少している。このことから旧田浦町にとっては、合併による歳出削減がみられたことがわかった。

（2）性質別経費

　平成14年度の旧田浦町の投資的経費は203,348円となっており平成15年度の165,462円と比べるとかなり比重が大きいのが分かる。これは物産館の建設と平成13年度から14年度にかけて新幹線の路線の周りに渇水が起こったため、溜め池をいくつか作ったからである。平成17年度、芦北町の普通建設事業費も111,217円から142,219円へ

と前年と比べて高くなっている。これは芦北町が田浦町と合併することを決めた際に危険校舎の建て直しを実施したことが大きく影響している。

全体に通していえることだが、芦北町も田浦町も海に面し、山に囲まれた町であるため、天災を受けやすいということだ。その結果、災害復旧事業費は年によってばらつきがある。結論的には、一人当たりの歳出を見てみると旧芦北町からするとあまり変わっておらず、田浦町にとってみると全ての項目において歳出が減少したといえよう。

(3) 財政分析

① 経常収支比率

経常収支比率とは次のような算式で求められる比率で、地方自治体の財政の弾力性を示す指標として利用されている。従来自治省（総務省）の指導としては、道府県で80％、市町村で75％を上回らないことが望ましいとされていた。

図表V-9　合併前後の一人当たりの目的別歳出

(単位円)

	H14 旧田浦	H14 旧芦北	H14 合計	H15 旧田浦	H15 旧芦北	H15 合計	H16 芦北	H17 芦北
議会費	15,806	7,171	9,237	14,084	6,755	8,508	8,243	7,547
総務費	106,100	143,000	134,173	106,844	73,988	81,847	108,860	93,978
民生費	94,320	89,696	90,802	98,066	93,282	94,426	96,425	117,650
衛生費	37,391	39,720	39,163	42,711	38,747	39,695	48,379	49,276
農水費	156,981	41,104	68,824	94,182	41,777	54,313	43,510	41,821
商工費	11,475	10,247	10,541	10,755	11,539	11,351	11,192	10,756
土木費	74,162	58,202	62,020	112,743	57,829	70,966	61,350	61,437
消防費	26,408	14,157	17,088	18,307	15,073	15,847	20,614	18,865
教育費	39,305	33,071	34,563	34,430	32,060	32,627	36,985	69,802
災害復旧費	589	636	625	1,805	22,762	17,749	33,027	9,064
公債費	93,706	61,617	69,294	85,074	63,050	68,318	69,856	69,825

(出典) 図表V-2に同じ

図表Ⅴ-10　合併前後の一人当たりの性質別歳出

	H14			H15			H16	H17
	田浦町	旧芦北町	合計	田浦町	旧芦北町	合計	芦北町	芦北町
人件費	130,939	91,872	101,217	121,077	93,044	99,750	96,630	110,084
うち職員給	78,226	59,582	64,042	74,671	59,519	63,143	63,750	68,618
扶助費	27,313	35,513	33,552	32,725	42,040	39,811	40,345	41,878
公債費	93,701	61,617	69,294	85,074	63,050	68,318	69,856	69,825
(義務的経費計)	251,958	189,002	204,062	238,875	198,133	207,886	206,830	221,787
物件費	66,686	44,374	49,712	66,752	45,518	50,597	64,370	53,370
維持補修費	2,729	4,169	3,825	3,068	4,444	4,115	3,618	4,013
補助費等	78,079	46,977	54,418	81,324	48,784	56,569	51,661	51,480
事務組合負担金	31,612	25,871	27,244	30,047	26,498	27,347	28,452	28,746
繰出金	38,904	40,167	39,865	42,179	40,457	40,869	42,274	49,644
積立金	11,931	7,984	8,928	18,749	6,981	9,796	25,225	18,442
投、出資・貸付金	2,607	203	778	2,589	350	885	218	0
投資的経費	203,348	165,746	174,741	165,462	112,194	124,937	144,244	151,283
うち人件費	3,192	5,794	5,172	2,722	2,865	2,831	2,718	2,486
普通建設事業費	202,760	165,109	174,116	163,657	89,432	107,188	111,217	142,219
うち(補助)	84,498	35,467	47,196	108,589	36,536	53,772	46,360	68,947
(単独)	105,635	121,811	117,942	42,477	47,234	46,096	55,621	65,233
災害復興事業費	589	636	625	1,805	22,762	17,749	33,027	9,064
歳出合計	656,244	498,622	536,328	618,999	456,861	495,647	538,422	550,021

（出典）図表Ⅴ-2に同じ

※　経常収支比率（％）＝経常経費充当一般財源　÷　経常一般財源総額　×　100

　経常経費の主なものは、まず人件費であり、扶助費であり、公債費である。このほか物件費、補助費、維持補修費、繰出金のなかの経常経費部分も大きい。つまりこれら経常的支出に充てられた経常一般財源がどの程度の割合になるか、また経常一般財源の残余はど

の程度になるかをつかむための指標なのである。

　経常収支比率はこの経常支出ごとにも示される。人件費の経常収支比率（人件費とは、議員報酬、各委員報酬、特別職給与、職員給与、共済組合負担金、退職金、恩給及び退職年金、災害補償費、社会保険料等共済費、などである）というのは、人件費に充当された経常一般財源が、経常一般財源の総額のうちどの程度を占めるかを示すもので、40％を超えると財政運営が厳しくなるといえる。また公債費の比率が大きいところでは、繰り上げ償還などの努力と建設事業の見直しが求められる。

　地方公営企業の経常収支比率は、公営企業法が適用される企業の場合は、経常収益を経常費用で除して算出するが、100％以上が健全であるとされる。非適用の場合は、総収益を総費用と地方債償還金とで除して（収益的収支比率）算出する。

　つまり芦北町は経常収支比率75％を上回らない状態が理想ということだ。しかし合併前の芦北町は約85％、田浦町が約89％であったのに対し、合併後経常収支比率が約93％と5ポイントほどあがっている。数値から見ると芦北町の財政構造は弾力性を失いつつあると考えられる。その最も大きな原因であるのは、経常収支比率の分母である収入額のうち、国から交付される交付税の減少である。これでは経常経費一般財源が多少減少したところで厳しい話である。

② 財政力指数

　財政力指数はある年度の地方自治体の基準財政収入額を基準財政需要額で除した指数で、これが1を下回れば地方交付税の交付団体であり、1を上回れば不交付団体である。指数としては3年度間の平均値を用いる。財政力指数が小さいほど、地方税の収入能力は低く、交付税への依存度は高いということになる。

　合併前の旧田浦町は財政力指数0.18と低く、旧芦北町は0.26で旧田浦町よりは高かった。合併後は平成16年度が0.24、平成17年度が0.30である。このことから、合併したことが旧田浦町にとっては良かったと言えるだろう。

図表Ⅴ-11　経常収支比率

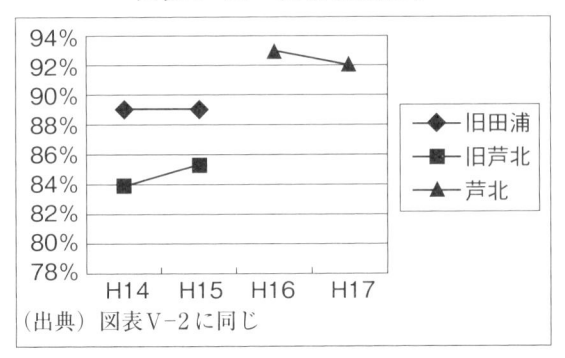

（出典）図表Ⅴ-2に同じ

　ただし財政力指数と言っても、地方税の収入能力がどの程度なのか、地方交付税に依存する度合いがどの程度か、を示すにとどまる指標であるから、自治体の財政状況をすべて明らかにしているとは言い難い。基準財政需要額が低く設定されれば、財政力指数は数字的には高くなる。よって一概に財政力指数が上がったからといって、その地方自治体にとって良かったと言えない場合もあるということを付け加えておく。

　旧芦北町は人口17,021人で田浦町は5,352人（12年度国調）と旧芦北町は田浦町の約3倍の人口であるため、旧芦北町ベースの財政になったと言える。小さい町、つまり田浦町が吸収された形なので数値上、田浦町からするとプラスである。例えば田浦町は高齢化によって介護保険料が熊本県で2番目に高かったが、合併により旧芦北町に合わせることができた。更に田浦町は水に恵まれず旧芦北町は水に恵まれていることや、学校で地震の耐震診断や大雨、台風による海からの被害対策の排水ポンプの建設など町が大きくなったことにより災害への対策がなされた。

（4）介護保険料の動向

　合併による大きな変化のひとつに介護保険料がある。合併後の平成18年度は、介護保険制度改正により区分の変更、サービス給付費等の大幅な抑制につながった。要介護（要支援）状態にならないた

図表V-12　財政力指数

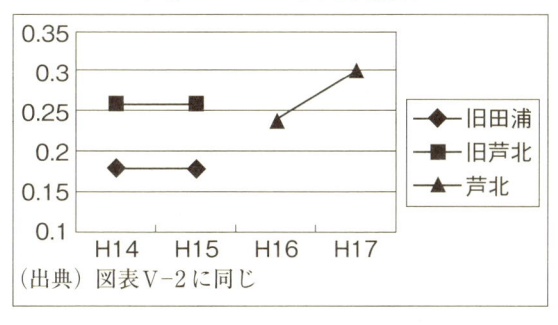

	H14	H15	H16	H17
旧田浦	0.175	0.175		
旧芦北	0.26	0.26		
芦北			0.24	0.30

（出典）図表V-2に同じ

め、介護予防事業で転倒骨折予防事業や閉じこもり予防事業の実施に努め、また地域包括支援センターを中心とした介護予防ケアマネジメント事業、包括的・継続的ケアマネジメント事業及び総合相談支援事業を積極的に展開した。

　図表13, 14は合併前と合併後における介護保険の変化を比べたものである。

4　過疎、小規模町村の課題と展望

　多くの過疎、小規模町村は困難な課題を抱えている。

　1つ目は、少子高齢化である。熊本県の高齢化率は全国より7年先を歩いている。さらに、芦北町の高齢化率は県平均を大きくうわまわっている。芦北の場合、平成14年の時点で、県平均22.4％、田浦町31.3％、旧芦北町部分30.3％であった。少子高齢化によって税金を負担する人が減り、逆に税金によってサービスを受ける人が増えるという事態を招いているというのが現状である。

　2つ目は国全体をとりまく財政状況、および三位一体改革が、段階補正簡素化や新型交付税導入など、自治体財政に厳しさを増していることである。

　3つ目は、環境やゆとりを大切にする考え方が広がっていることによる個人の価値観や、ライフスタイルの多様化である。また、地

図表Ⅴ-13　介護保険料(第1号被保険者:65歳以上)

(単位:円)

所得段階	平成17年度 旧芦北町	平成17年度 旧田浦町	平成18年度
第1段階	21,300	28,500	25,900
第2段階	31,900	42,750	25,900
第3段階	42,600	57,000	38,900
第4段階	53,200	71,250	51,800
第5段階	63,900	85,500	64,800
第6段階			77,800

(出典)芦北町資料により

図表Ⅴ-14　被保険者数(第1号被保険者:65歳以上)

所得段階	平成17年度 人数	平成17年度 構成割合(%)	平成18年度 人数	平成18年度 構成割合(%)
第1段階	59	0.8	54	0.8
第2段階	3,206	45.6	1,661	23.5
第3段階	2,942	41.8	942	13.3
第4段階	555	7.9	2,760	39
第5段階	275	3.9	1,303	18.4
第6段階			351	5
合計	7,037	100	7,071	100

(出典)図表Ⅴ-13に同じ

球温暖化防止など、地球規模での環境問題への対応が求められており、これらに対応した社会システムへの変革が望まれている。旧2町は、これらの課題に対応した行政を実現するために、住民のニーズを的確に把握し、地域の特性にあった施策を展開するとともに、専門の知識を有した職員を必要としていた。これらの問題を解決するためということも合併の理由であった。

　芦北町は町の将来像として「個性の光る活力あるまちづくり」というスローガンをかかげている。これは、画一的な地域おこしをするのではなく、一つ一つの集落がその特色を活かした、地域づくりをすることによって点が線に、線が面へと拡がり、活力ある町ができあがる、というものであり、極めて望ましい方向である。観光開発の失敗による旧産炭地域自治体の破綻経験を経た今、無理な開発に頼らず、環境に留意した農産物作りと高齢者に優しい町づくりが最も重要なものとなってくるのである。

（注）本稿は、2007年度明治大学星野泉ゼミナールメンバー、岩本皓太、桑野拓也、斎藤慧、三小田翔、宮坂裕二の芦北町調査報告をベースに、加筆訂正を行ったものである。

Ⅵ 破綻自治体に学ぶ―旧産炭地自治体の財政分析―

はじめに

　北海道夕張市の破綻は、地方財政が危機的状況にあることを改めて思い起こさせたが、同時に地方財政制度の欠陥も浮き彫りにした。そこから学ぶべきことは何であろうか。基礎知識編でも述べたが、この破綻をきっかけに自治体の財政再建制度が見直され、新たな法律の制定とともに財政健全化の再生制度が誕生した。ここでは、北海道の旧産炭地である美唄市と奈井江町の財政を夕張市と比較検討しながら、破綻の要因を探ってみよう。

1　旧産炭地自治体（夕張・美唄・奈井江町）の歴史と人口の推移

　夕張市とともに産炭地であった美唄市と奈井江町は、明治期から石炭産業で発展してきた。明治初期から北海道への入屯がはじまり、それと同時に石炭資源が発見されるや日本の産業を支える一大資源基地となった。産炭地では鉄道が敷設され未曾有の発展を遂げた。しかし、エネルギー政策の転換により1960～1965（昭和35～40）年に人口のピークを迎えた後は、衰退の一途を辿った。そして地域の再興を目指して各自治体はさまざまな活性化を展開していった。

　1970（昭和45）年から平成12年までの人口の推移をみると、夕張市の減少が大きく、同年の間に9割近い減となっている。ピークに116,908人だった人口は現在、実にその1割程度しか住んでいない。夕張市と比べて美唄市と奈井江町は人口流出が緩やかである。この理由として考えられるのは、夕張市が山間地で炭鉱によって開かれたのに対し、美唄市と奈井江町は多くが肥沃な平坦地で石狩川から

の豊富な水に恵まれているなど、農業生産に適した地域に立地していたことがあげられる。最近は北海道産米の品質も向上し、一戸当りの耕作面積が大きい北海道では、米価の下落にもかかわらず米作農家は健闘している。夕張市もメロンという全国ブランドの農産品はあるが、市民を支えるほどの収益力はない。

　　　夕張市の歴史
明治23年　夕張炭山開坑着手
明治25年　追分〜夕張間鉄道開通
明治30年　新夕張炭山開坑着手
大正15年　新夕張〜栗山間鉄道開通（夕張鉄道）
昭和35年　人口ピーク（116,908人）
昭和50年　夕張鉄道全線廃線
昭和56年　北炭夕張新炭鉱ガス突出事故発生
昭和58年　石炭の歴史村全村オープン
平成2年　三菱南大夕張炭鉱閉山

　　　美唄市の歴史
明治24年　屯田兵入地
大正4年　三菱美唄炭鉱開鉱
大正15年　美唄町に改称
昭和3年　三井美唄炭鉱開鉱
昭和25年　市制施行・美唄市に改称
昭和40年　人口ピーク（92,150人）
昭和48年　三美炭鉱・北菱我路炭鉱閉山
平成4年　アルテピアッツァ美唄開設

　　　奈井江町の歴史
明治28年　奈井江炭坑発見
昭和13年　住友鉱業が採炭事業に着手

昭和19年　砂川町より分村して奈井江村誕生
昭和25年　町制施行
昭和36年　人口ピーク（19,761人）
昭和47年　石狩炭鉱爆発事故発生・閉山

図表Ⅵ-1　夕張市・美唄市・奈井江町の人口推移

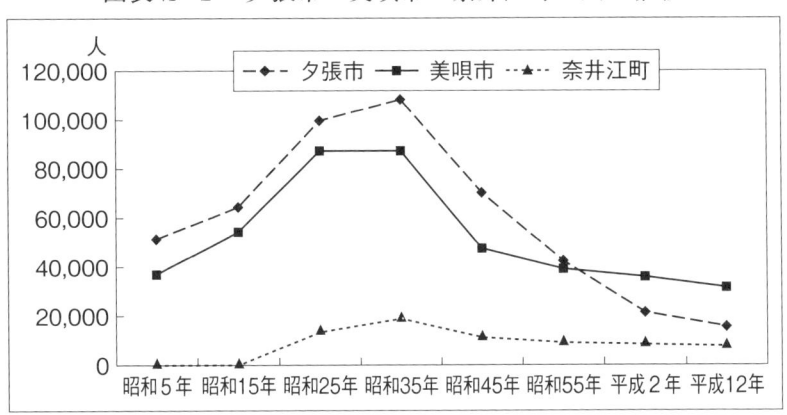

2　3つの自治体の財政状況の推移

2-1　地方債残高と公債費比率の推移

　自治体の破綻とは、2006（平成18）年度決算までは普通会計の実質赤字が標準財政規模に対して市町村では20％を超えると財政再建の申請をすることができ、この状況のことを破綻と呼んできた。夕張市は一般会計の借入に加えて、外郭団体の病院や観光事業、市営住宅の赤字が膨らみ、一般会計で負担しきれなくなり破綻に追い込まれた。
地方債残高の状況をみてみよう。夕張市、美唄市、奈井江町の標準

財政規模に対する地方債残高を比較してみると、夕張市は2005（平成15）年決算で3.4倍、美唄市は2.9倍、奈井江町は2.8倍となっており、夕張市の倍率が高く、一般会計でも借金が膨れていたことがわかる。

　一方、地方債の返済に係る負担については、公債費比率、公債費負担比率、起債制限比率、実質公債費比率があるが昭和45年度から決算カードに記載されているのは公債費比率であるのでこの指標で推移をみると、3自治体とも昭和55年度では10％前後であったものが夕張市のみが大きく上昇し30％近くまで達している。公債費比率は目安として10％を超えないことが望ましいとされてきたが、各自治体とも1985（昭和60）年頃までは炭鉱閉山後の新しい町づくりのためインフラ整備や観光事業等にともなう数値の結果として上昇してきた。

　3自治体とも地方債残高を増やし、厳しい財政運営を続けていることがわかる。とくに夕張市の場合、炭鉱から観光へとシフトし、莫大な起債を行ったことで、1985～1900（昭和60年～平成2）年の地方債残高の増加として表れている。しかし、一般会計ではその後は起債制限となり1995（平成7）年以降は地方債残高が減少してい

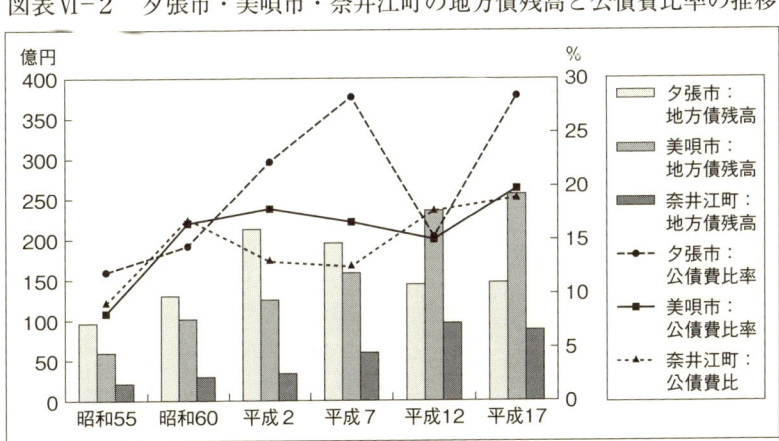

図表Ⅵ-2　夕張市・美唄市・奈井江町の地方債残高と公債費比率の推移

るが、実は借入は外郭団体で抱えはじめていたのである。なお2000年～2005年（平成12～17年）の公債費比率の伸びは、平成13年度から赤字地方債の発行が認められ、この分が含まれて膨れている。

2-2　財政力指数と経常収支比率の推移

　財政構造についてみると、財政力指数は美唄市が比較的安定的に推移してきたのに対し、夕張市と奈井江町は平成年代をとおして低迷していた。とくに夕張市は1985（昭和60）年度に0.4を超えていた財政力指数は、2005（平成17）年度は0.2台まで落ち込んだ。これは人口の減少などで地方税収が減少してきたためであり、財政力指数の低下が財政運営をより一層厳しいものにしていった。

　つぎに経常収支比率については、3自治体とも上昇し硬直化してきたなかで夕張市は平成年代に入って大きく上昇し、平成17年度は126％まで悪化した。夕張市の一般会計は平成7年度に経常収支比率は100％を超えていたので、すでにこの時点で借入などの臨時財源に頼らなくては経常的経費を賄えなくなって破綻状況であった。

図表Ⅵ-3　夕張市・美唄市・奈井江町の財政力指数と経常収支比率の推移

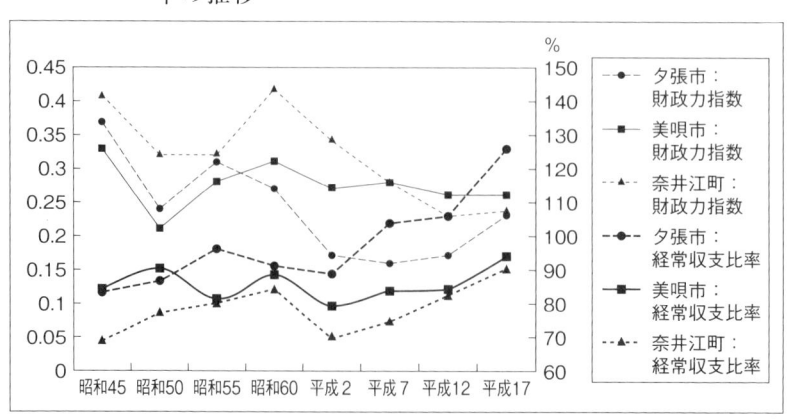

バブル崩壊以降から一般財源が細り、多くの自治体で経常収支比率は上昇し90％を超えるところも多いが、これは2000（平成12）年4月に施行された地方分権推進一括法で合併しなかったこれら自治体は普通交付税が減額されることとなり、そのため経常収支比率がさらに上がってきたという要因もある。

3 歳入構造にみる夕張市破綻の兆候

　一般的に自治体の財政が窮状に追い込まれたときの兆候は、赤字が発生したり実質公債費比率が高くなるなど財政指標が異常値を示しはじめる。これまでの再建制度では、赤字のみを指標として破綻の決定を下していたのであるが、新たな再生制度では、基本知識編でも紹介したように、破綻の前の段階で健全化計画を作成するよう改めたのである。

　夕張市の事例で破綻の兆候をみれるか検証してみよう。一般的に外部から自治体の決算を入手できるのは決算カードである。破綻の兆候は前述のように、公債比率など借金が膨れることから読むことができるが、一般会計以外で借入を行えば難しくなる。しかし、外郭団体の赤字を一般会計で隠蔽しようとするとその兆候は捉えることができる。

　夕張市の平成12年度の「その他」をみると、地方交付税を上回る異常値を示している。ここでの「その他」は、繰入金、寄付金、財産収入、諸収入などを合計したものであるが、決算カードをみるとそのほとんどは諸収入であり、その内訳は一時借入金である。これは病院や公営住宅、観光事業など外郭団体を支援するために一般会計で銀行から短期借入を行って補てんした分である。その後も諸収入は増え続け、図表5にみるように、平成16年度決算の諸収入は歳入の51.5％にも上っていた。

　巧妙な手口で赤字を隠蔽していたのであるが、容易に入手できる決算カードでもその兆候は把握することができた。結果的に350億

円を超える借金を見過ごしてきた監査委員と議員の責任は重いと言わざるをえない。平成19年度から18年間もの長きにわたってそのツ

図表Ⅵ-4　自治体の歳入構成比の推移

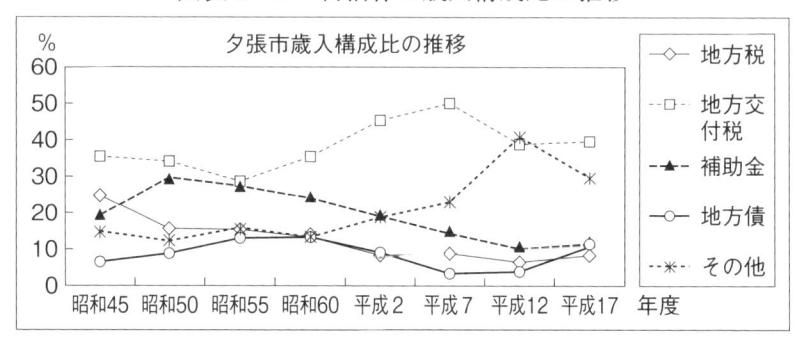

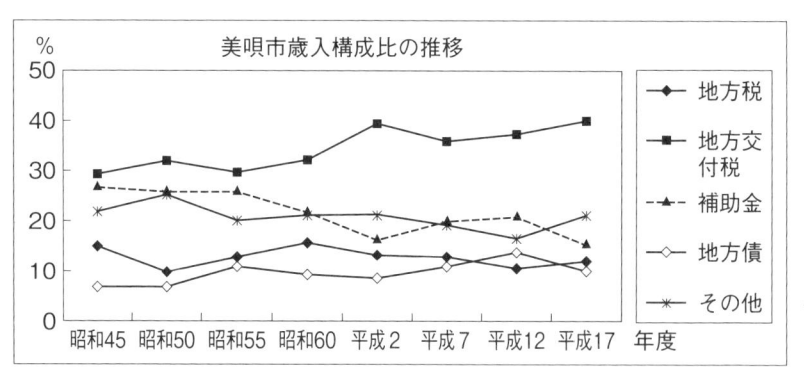

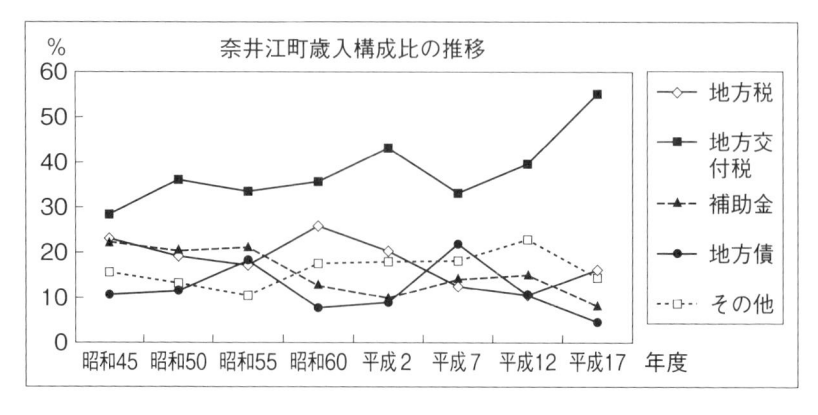

夕張市歳入構成比の推移

美唄市歳入構成比の推移

奈井江町歳入構成比の推移

図表Ⅵ-5　夕張市・平成16年度決算カード「歳入の状況」

歳入の状況（単位千円・%）				
区分	決算額	構成比	経常一般財源等	構成比
地方税	973,783	5.0	926,016	20.4
地方譲与税	119,061	0.6	119,061	2.6
利子割交付金	8,348	0.0	8,348	0.2
配当割交付金	688	0.0	688	0.0
株式等譲渡所得割交付金	681	0.0	681	0.0
地方消費税交付金	149,998	0.8	149,998	3.3
ゴルフ場利用税交付金	―	―	―	―
特別地方消費税交付金	―	―	―	―
自動車取得税交付金	28,383	0.1	28,383	0.6
軽油引取税交付金	―	―	―	―
地方特例交付金	27,609	0.1	27,609	0.6
地方交付税	4,588,349	23.7	3,266,966	72.0
普通交付税	3,266,966	16.9	3,266,966	72.0
特別交付税	1,321,383	6.8	―	―
（一般財源計）	5,896,900	30.5	4,527,750	99.8
交通安全対策特別交付金	1,023	0.0	1,023	0.0
分担金・負担金	90,654	0.5	―	―
使用料	785,469	4.1	854	0.0
手数料	10,383	0.1	45	0.0
国庫支出金	1,142,674	5.9	―	―
国有提供交付金	―	―	―	―
都道府県支出金	251,531	1.3	―	―
財産収入	38,796	0.2	9,241	0.2
寄附金	1,000	0.0	―	―
繰入金	98,130	0.5	―	―
繰越金	47	0.0	―	―
諸収入	9,973,315	51.5	66	0.0
地方債	1,059,400	5.5	―	―
うち減税補てん債	11,500	0.1	―	―
うち臨時財政対策債	370,000	1.9	―	―
歳入合計	19,349,322	100.0	4,538,980	100.0

ケを払わされる住民はたまったものではない。二度とこのようなことのないように、行政には説明責任を明確に果たしてもらい、住民も含めて監査委員、議員等によるチェックを徹底することが求めら

れる。

（注）本稿の執筆にあたっては、明治大学政治経済学部地域行政学科兼村高文ゼミナールメンバー、小倉圭司、柏村啓太、川畑亮太、黒澤候太、嶋田涼介、白石隆宏、永島麻那美、長塚隆宏、山本このみ、とともに実地調査し分担執筆したものである。

おわりに

　21世紀に入り、様々な場面において格差が問題とされるようになった。その多くは個人の所得、生活に関わるものであるが、地方財政においても、三位一体改革による交付税や補助金削減、税源移譲の結果として、都市部と農村部との格差の拡大が大きく取り上げられ、地方財政の主要課題の一つが地域格差の是正となった。
　一方で、自治体経営論も大きな力をもっている。地方債も、許可制から事前協議制となり、分権改革が進められてきた。しかし、夕張ショックにみる小規模自治体財政の不安定さから、財政健全化に重点が置かれ、小さな自治体では起債もままならない状況に追い込まれ、分権改革が有名無実化する可能性もある。政府の議論の中では地域再生という表現も多くみられるようになっている。格差の是正とは、違いを小さくするということであり、どれくらい小さくなったかということで数値目標となりえるのに対し、地域再生の場合あいまいな面をもち、今後の再生の道筋に不安も生じている。
　時代によって評価は様々だ。かつて、地方交付税は、需要を積み上げる方式の地方財政平衡交付金（地方交付税の前身）に比べ財源保障が不十分とされた。しかし、今は地方交付税の財源保障がモラルハザードだとされる。バブル前後は、双子の赤字に悩むアメリカから内需拡大要請を受け、「生活大国」を目指した公共投資拡大、リゾート開発を行ったが、現在はそれがすべて負の遺産とされる。
　規制緩和、構造改革を進める中で、国民のみならず地方財政も壊滅に追い込まれないとも限らないぎりぎりの状態にある。義務的経費だから、投資的経費だからというのではなく、真剣な点検の必要性が求められている。

索引

あ
赤字国債　22
アメリカ　21, 27, 56
アメリカのpay-as-you-go　86
アメリカのイニチアシブ　37

い
イギリス　21, 27, 43, 44, 53, 56, 58
維持補修費　116
依存財源　113
一時借入金　82
一般会計　18, 75
一般会計歳入歳出予算　18
一般財源　44, 113
一般歳出　18, 150
一般政府総固定資本形成　21
一般政府総支出　20

え
衛生費　118

お
OECD　53, 55

か
会計年度　80, 81
外形標準課税　29, 30, 31
介護保険料　190
貸付金　116
ガス税　32
過疎債　39

合併特例債　39
カナダ　56
ガバナンス　87
ガバメント　87
環境税　33

き
議会費　118
起債制限比率　123
基準財政収入額　48, 49, 120, 151
基準財政需要額　48, 49, 120, 151
基準モデル　137
基礎的な地方公共団体　157
義務的経費　116, 154
キャッシュフロー計算書　133, 143, 145, 146
旧産炭地自治体　194
教育費　119
行政コスト計算書　140
均等割　60

く
国たばこ税　49
繰入金　112
グリーン・カード　25
繰越金　112
繰越明許費　81
繰出金　117
クロヨン対策　24

け
形式収支　108

軽自動車税　　114
経常収支比率　　121, 187, 199
継続費　　81
経年比較　　142
決算　　84, 104
決算カード　　43, 104
現金収支比率　　144
減債基金　　123
建設国債　　22
健全化判断比率　　97, 101

こ

恒久的減税　　153
公共部門　　87, 88
公債費　　116, 119
公債費比率　　123, 197
公債費負担比率　　123
交通安全対策交付金　　111
交付金　　45, 111
交付税　　18, 46
交付税特別会計　　46
国債　　22
国債収入　　18
国債費　　18
国際比較　　55
国税3税　　48
国税5税　　48
個人住民税　　19
国庫支出金　　19, 43, 112, 152, 183
固定資産税　　28, 33, 62, 114

さ

災害復旧事業費　　117
災害復旧費　　119
財産収入　　112
最終消費支出　　20
財政規模　　20
財政権　　77

財政健全化制度　　92
財政健全化法　　94, 95, 132
財政構造改革　　26
財政再建計画　　92
財政再建制度　　92
再生制度　　93
財政調整基金　　123
財政投融資　　18, 73
財政投融資計画　　19
財政比較分析表　　127
財政分析　　104
財政法　　78
財政民主主義　　77
財政力指数　　121, 127, 189, 198
財投機関　　18
歳入歳出予算　　81
債務残高　　20
財務諸表　　131, 132, 134, 136
債務負担行為　　82
債務負担行為額　　124
サッチャー　　24
サンセット方式　　85
三位一体改革　　50

し

GDP比　　20, 53
シーリング方式　　85
事業所税　　115
事業税　　19, 28
事業用資産レイト　　63
資金不足比率　　99
自主財源　　113
指数等の状況　　120
指数等の分析　　124
市町村合併　　37
市町村合併特例法　　38
市町村財政比較分析表　　178
市町村税　　115

— 205 —

市町村たばこ税　114
市町村民税　28, 114
失業対策事業費　117
実質赤字比率　94, 95
実質公債費比率　94, 97, 121, 122
実質収支　108
実質収支赤字　92
実質単年度収支　109
指定都市　169
自動車課税　34
シャウプ勧告　48
収益事業収入　124
住民税　28, 42, 61
酒税　49
出資　116
需要調整　50
純資産変動計算書　147
小額貯蓄非課税制度　25
小規模自治体　180
商工費　119
消費者主権　89
消費税　19, 25, 32, 47, 49, 59
譲与税特別会計　18
将来負担比率　94, 98
使用料　112
諸支出金　119
諸収入　112
所得譲与税　42, 47, 51
所得税　19, 49
所得割　61
新型交付税　191
人件費　116
人頭税　54

す

スイス　56
スウェーデン　21, 53, 55, 58

せ

税源委譲　27, 50, 52, 56
税源委譲予定特例交付金　48, 51
税源交換　69
税源配分　52, 69
性質別経費　186
性質別歳出　115, 118
税収入　18
政令市　169, 170
ゼロベース予算　85
専決処分　84
前年度繰上充用　117
前年度繰上充用金　119

そ

増分主義　85
総務省改訂モデル　133, 142
総務費　118
租税収入　12
租税特別措置　29
租税負担率　53

た

第三セクター　133
貸借対照表　131
段階補正簡素化　191
単年度収支　108

ち

地方交付税　18, 19, 39, 43, 45, 48, 111, 151
地方交付税交付金　182
地方交付税制度　14
地方債　19, 40, 43, 82, 113, 122, 184
地方債許可制限比率　123
地方債現在高　124

地方債残高　　197
地方財政　　18
地方財政計画　　13, 20
地方財政再建特別措置法　　92
地方財政制度　　13
地方財政対策　　46
地方再生対策費　　13, 70
地方財政平衡交付金制度　　48
地方財政法　　40
地方財政の予算　　13
地方自治体の種類　　15
地方自治法　　78
地方消費税　　19, 32, 47, 62
地方譲与税　　45, 110
地方税　　19, 42, 43, 44, 60, 110, 182
地方税源　　58
地方特例交付金　　46, 47, 111
地方分権推進委員会　　35
地方分与税　　48
地方法人特別譲与税　　47, 72,
地方法人特別税　　71
中核市　　171
超過支出　　80
徴収率　　124
調整3税　　157
千代田市　　159

つ

通常予算　　76
積立金現在高　　123

て

手数料　　112
電気税　　32
デンマーク　　53

と

ドイツ　　21, 43

投資　　116
投資的経費　　117, 154
道州制　　173
道路財源　　34
道路目的財源　　47
都区財政調整制度　　156
特定財源　　44, 47, 113
特定補助金　　46
特定目的基金　　123
特別会計　　18, 75
特別区　　156
特別区財政調整交付金　　43, 119, 168
特別区財政調整制度　　45
特別地方消費税　　32
特例地方債　　40
都市計画税　　33, 115
土地開発基金現在高　　124
都道府県支出金　　43, 112
都道府県民税　　28
土木費　　119

ね

ネット増税　　24

の

農林水産業費　　118

は

配当軽課制度　　25
バランスシート　　131, 133, 134, 135, 136

ひ

PDCA　　131
PDCAサイクル　　132
PPBS　　85
非課税貯蓄制度　　24

標準財政規模　92, 121
標準税収入額　121
費目間流用　80

ふ

付加価値税　59
不交付団体　151, 152
扶助費　116
負担金　111
普通会計　74
普通建設事業費　117
物件費　116
物品税　25, 32
ブラケット　27
フリー・キャッシュフロー　144
ふるさと納税　72
プロポジション13　37
分割基準　152
分権一括法　35
分担金　111

ほ

法人2税　61, 62
法人事業税　29, 61, 70, 71, 151, 152
法人住民税　19, 61
法人税　19, 49
法人税率　29
法定外税　36
法定外普通税　36
法定外目的税　36
補助費等　116
補正予算　76

ま

マル優　24

み

民生費　118

め

明治と昭和の大合併　37

も

木材引取税　32
目的別経費　186
目的別歳出　118, 120

ゆ

有形固定資産　139

よ

予算原則　78
予算マネジメント　132

り

留保財源率　49
流用　82
料理飲食等消費税　32
臨時財政対策債　46

る

類似団体　125
累進税　55

れ

レーガン　24
連結実質赤字比率　94, 96

ろ

労働費　118

参考文献等

- 『図説日本の財政』平成19年度版、東洋経済新報社。
- 『体系都財政用語事典』(第八版) 都政新報社、平成19年。
- 『地方交付税のしくみ』平成19年度版、地方財務協会。
- 総務省ホームページ。
- 東京都ホームページ。
- 地方財政情報館ホームページ。
- 夕張市ホームページ。
- 北海道企画振興部『夕張市の財政運営に関する調査(最終報告)』平成18年9月。
- 『新未来づくり』新町建設計画、平成15年9月、田浦町・芦北町合併協議会。
- 芦北町役場資料。
- 渋川市決算カード、各年度。
- 夕張市決算カード、各年度。
- 美唄市決算カード、各年度。
- 芦北町決算カード、各年度。
- 旧田浦町、旧芦北町、決算カード、平成13~15年度。
- 奈井江町決算カード、各年度。

著者略歴

兼村　高文　（明治大学公共政策大学院 ガバナンス研究科教授）
1988年 専修大学大学院博士後期過程単位取得、明海大学講師、助教授、教授を経て現職。
大学での教育研究活動のほか、自治体財政分析をテーマにシンクタンクや自治体で実地調査を手がけ、またウズベキスタン、モンゴル等の税財政改革支援に参画してきた。国際公会計学会常務理事、日本地方自治研究学会理事など務める。東京都、三重県、茨城県、浦安市、鎌倉市等の税財政関連委員など歴任。

著作に、『改訂　自治体財政はやわかり』（イマジン出版、2001年、共著）、『ガバナンスと行財政システム改革』（税務経理協会2004年）、『現代の財政 改革の視点』（税務経理協会2006　共編著）など多数。

星野　泉　（明治大学大学院政治経済学研究科教授）
明治大学大学院博士前期課程修了、立教大学大学院博士後期課程単位取得。明星大学人文学部助教授を経て1997年、明治大学政治経済学部助教授。2002年、明治大学政治経済学部教授。専修大学大学院経済学研究科非常勤講師を経て現職。
2005年・2006年、スウェーデンヨーテボリ大学客員研究者。専攻は財政学、地方財政論。
熊本県田浦町行財政評価研究会（'00～'01）、町田市高齢社会総合計画推進委員会、愛知県地方税研究会各委員など歴任。

著書に『分権型税制の視点』（ぎょうせい、2004年）、『現代の地方財政（第3版）』（有斐閣、2004年、共編著）、『改訂　自治体財政はやわかり』（イマジン出版、2001年、共著）、『世界の財政再建』（敬文堂、1998年、共著）など多数。

予算・決算 すぐわかる自治体財政
──バランスシートから財政再建法まで

発　　行	2008年2月15日
著　　者	兼村高文・星野　泉
編　　集	イマジン自治情報センター
発行人	片岡幸三
印刷所	株式会社 シナノ
発行所	イマジン出版株式会社

〒112-0013　東京都文京区音羽1-5-8
TEL　03-3942-2520　FAX 03-3942-2623
http://www.imagine-j.co.jp

ISBN978-4-87299-470-4　C2031　¥2000E

お買い上げありがとうございます。
万一、落丁・乱丁の場合は当社にてお取替えいたします。

イマジン出版 http://www.imagine-j.co.jp/

COPA BOOKS 　　　　　　　　　自治体議会政策学会叢書

地域自立の産業政策
―地方発ベンチャー・カムイの挑戦―

小磯 修二（釧路公立大学教授・地域経済研究センター長）**著**
- ■循環・信頼・連携による地域創造。
- ■自治体財政の危機に求められる地域自立とは。
- ■地方の経済を興す力はどこに。地域の力とは何か。
- ■実践者が地域自前の産業創出、雇用創出に向けて課題解決のため、「カムイ」の挑戦で解き明かす注目の一冊。

□A5判／120頁／定価1,050円（税込）

増補版 自治を担う議会改革
―住民と歩む協働型議会の実現―

江藤 俊昭（山梨学院大学教授）**著**
- ■議会運営、定数、報酬、マニフェスト、選挙制度を網羅。住民、議員、職員の疑問に明快に答える一冊。
- ■栗山町、三重県の議会基本条例の詳説を増補。分権にふさわしい議会改革をわかりやすく解説。
- ■具体的な改革の一歩はいつでも踏み出せると提唱する協働型議会。

□A5判／176頁／定価1,575円（税込）

事例解説 すぐわかる選挙運動
―ケースでみる違反と罰則―

山梨学院大学ローカル・ガバナンス研究センター監修
三好 規正（山梨学院大学准教授）**著**
- ■「違反と罰則」がケースですぐわかる。
- ■選挙運動、政治活動のすべてを網羅してわかりやすく解説。
- ■県選挙管理委員会での経験も生かした豊富な事例紹介で、すべての疑問を最新の法令解釈・判例で解き明かす。
- ■選挙運動・政治活動に必携の書。

□A5判／248頁／定価2,310円（税込）

ご注文は直接、TELまたはFAXでイマジン自治情報センターへ
TEL.03-3221-9455　FAX.03-3288-1019　〒102-0083 東京都千代田区麹町2-3 麹町ガーデンビル6D
全国の主要書店・政府刊行物サービスセンター官報販売所でも取り扱っています。